Klaus Honold

Darmstadt im Feuersturm

Die Zerstörung am 11. September 1944

Wartberg Verlag

Fotonachweis:

Archiv Darmstädter Echo: Seiten 3 o., 18, 32 u., 33 u., 50 u., 51 ur., 57 u., 67, 68 o. Stadtarchiv Darmstadt: Seiten 4, 6, 7, 8, 9, 10 o., 11 o., 12, 13, 14, 15 o., 19, 20, 21, 24 o., 26 o., 28, 29, 30 o., 30 m., 31 u., 32 o., 34 o., 35 o., 36/37, 39 u., 40, 42, 43, 45, 48, 49 o., 51 o., 56 u., 58 o., 64, 65, 68 u., 69, 70, 71 o., 71 ur. Straßenverkehrsamt Darmstadt: Seiten 17, 25, 26 m., 27 m., 30 u., 32 m., 34 u., 38, 39 o., 44, 47, 49 u., 50 o. 51 ul., 54/55, 56 o., 57 o., 58 o., 60, 61, 62/63. US Signal Corps: Seiten 54 u., 55 u. Hilde Carpentier: Seite 46 o. Helmut Fornoff: Seiten 16, 41 u. Hermann Hauck: Titelbild (groß), Seiten 22, 23, 24 m., 24 u., 27 o., 31 o. Thomas Hauf (Firma Drent-Goebel): Seiten 52, 53. Erwin Kraft: Seite 46 u. Ursula Madloch: Seiten 66, 71 ul. Heiner Meyer: Seite 59 o., m., ur. Rosemarie Rock: Seite 33 o. Karin Stephan: Seite 46 m. Hildegard Wölke: Seite 41 o. Hannelore Honold: Titelbild (klein). Klaus Honold: Seiten 3 u., 10 u., 11 u., 15 u., 26 u., 27 u., 35 u. 59 ul., 62 u., 63 u.

Titelbild: Einmannbunker auf dem Hof des HEAG-Gebäudes an der Luisenstraße.

Dank:

Rund einhundertfünfzig Darmstädter und Leser des „Darmstädter Echos“ haben sich mit Erinnerungen und Fotos an diesem Buch beteiligt. Ihnen sei hier besonders gedankt – und jene seien um Nachsicht gebeten, deren Beiträge nicht oder nur in geringerem Umfang Berücksichtigung fanden. Weiterer Dank gilt: Dr. Peter Engels und Friedrich Wilhelm Kniess (Stadtarchiv Darmstadt), Dr. Gisela Eichfelder und Regina Broszeit, die mir Auskunft über Kinderpsychologie und Traumaforschung gaben, Helga und Martin Hinnenthal für Hinweise zur Verarbeitung von Kriegserlebnissen, Peter Thorbecke für freundschaftlichen Rat, Klaus Staat („Darmstädter Echo“), der das Projekt wohlwollend förderte, Klaus Firle für notwendige Unterstützung sowie Professor Gerhard Schweizer für kritische Lektüre und Hilfe in jeder Form.

1. Auflage 2004

Satz und Layout: Grafik & Design Ulrich Weiß, Gudensberg
Druck: Thiele & Schwarz, Kassel
Buchbinderische Verarbeitung: Buchbinderei Büge, Celle

34281 Gudensberg-Gleichen, Im Wiesental 1
Telefon (0 56 03) 9 30 50
www.wartberg-verlag.de
ISBN 3-8313-1466-7

Stadtkern, 1945. Links oben die Stadtkirche, rechts unten altes Theater. Von der Altstadt blieben nur Schuttberge; jüngere Häuser sind als ausgebrannte Ruinen zu erkennen. Der Barockbau des Schlosses behielt zum Teil seine Dächer.

Vorwort

Fünf deutsche Städte verloren bei einem einzigen Bombenangriff mehr als zehntausend Einwohner. Darmstadt ist eine davon. Im Verhältnis zur Bevölkerungszahl hatte nur Pforzheim mehr Opfer zu beklagen. Darmstadt wurde in der Nacht vom 11. auf den 12. September 1944 zerstört – so gründlich und grauenhaft, dass zwischen Neckarstraße und Ostbahnhof nur drei Häuser stehen blieben. Der Rest ging in einem beispiellosen Feuersturm unter. Unter den Toten waren auch Hunderte Kinder. Tausende Kinder überlebten den Angriff, doch was sie dabei erlitten, danach fragte später keiner. Viele wurden zu Halb- oder Vollwaisen; alle aber mussten von da an in einer Welt zurechtkommen, in der nichts vertraut und nichts so war wie bis zum Abend davor. Welche Wirkung die Bombennacht in denen hinterließ, die damals Kind gewesen sind – davon soll in diesem Buch die Rede sein.

„Seherin". Steinplastik von Hermann Geibel, in den Trümmern seines am 11. September 1944 zerstörten Ateliers geborgen, 1954 auf dem Kapellplatz aufgestellt. Auf dieser Grünfläche hatten in der Brandnacht Hunderte Menschen Zuflucht gesucht; viele starben an ihren Brandverletzungen.

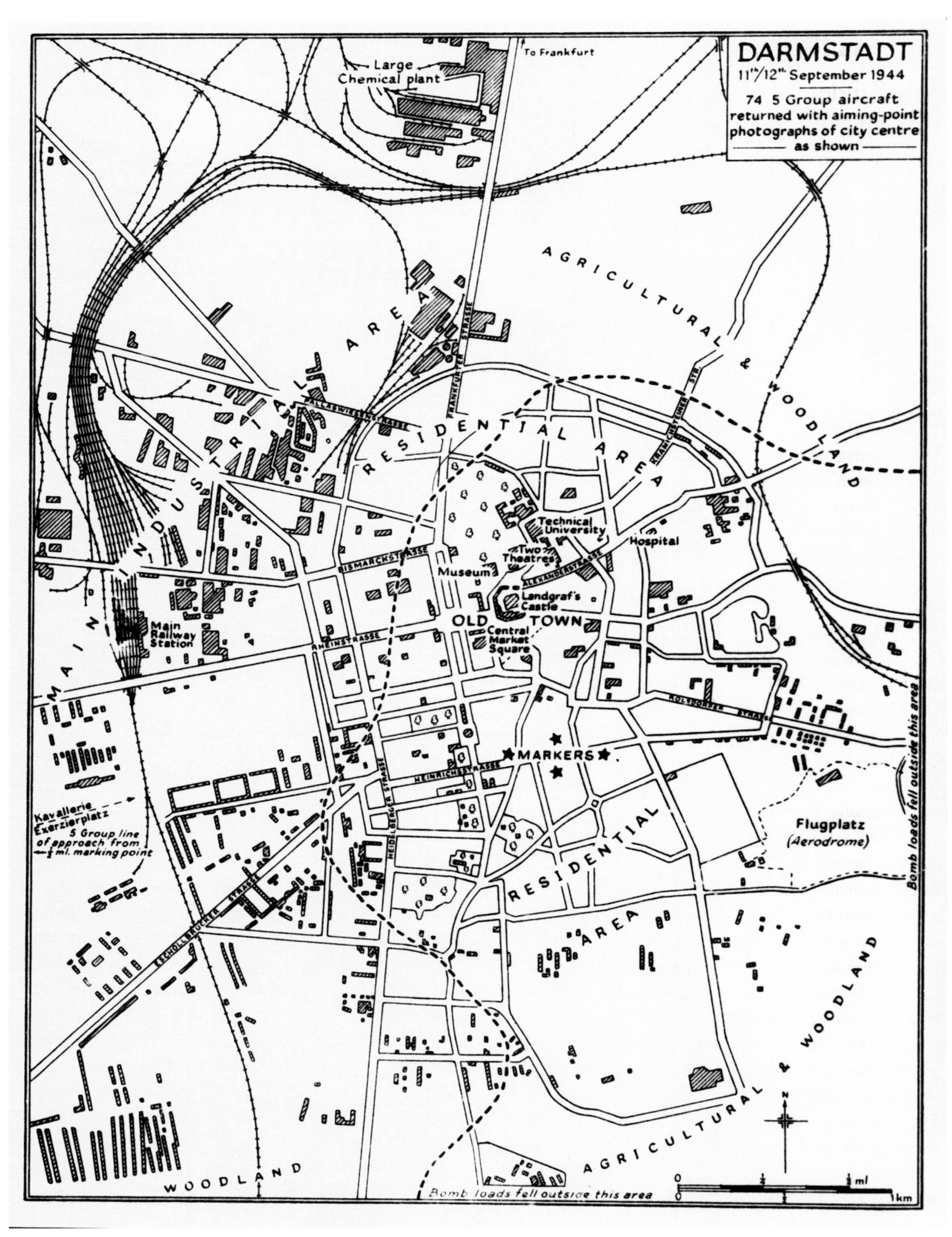

Zielgebiet: Die Karte der englischen Luftwaffe markiert mit einer gestrichelten Linie die Wohngebiete („residential area") Darmstadts. Die Abwurfserien beginnen über dem Exerzierplatz (freies Rechteck zwischen Rheinstraße und Holzhofallee, Mitte links).

Der Krieg in uns

Wie Kinder die Bombennächte erleben – und was davon bleibt

Am 16. Dezember 2003 wurden die Darmstädter aus dem Schlaf gezerrt durch ein zwar bekanntes, doch in diesem Augenblick nicht erwartetes Geräusch: Sirenenheulen um 5.30 Uhr. Luftalarm in der ganzen Stadt, nicht als fernes Echo einer übermotivierten Dorffeuerwehr. Das unheilvolle Auf- und Abschwellen eines alles überlagernden Tons: So, nämlich verknüpft mit Angst, war das zuletzt im März 1945 zu hören gewesen.

Die Darmstädter horchten seit je auf, wenn die Heulgeräte ausprobiert wurden, regelmäßig an einem Mittwoch um zehn Uhr. Der tiefere Sinn solcher Quälerei steht dahin. Bemerkenswerter ist, dass nie einer fragte, was sie anrichtet. Immerhin ist der *Probealarm* stets angekündigt worden. Diesmal fehlte die kurze Notiz in der Tageszeitung; dafür gab es Aufklärung am Tag darauf. *In Darmstadt stehen insgesamt zwölf Sirenen, sieben pilzförmige Elektrosirenen auf öffentlichen Gebäuden und fünf Hochleistungssirenen auf dreißig Meter hohen Masten.* Die Berichterstattung entbehrte nicht eines besorgten Zugs: *Die zwölf Sirenen lassen Beschallungslücken.*

An diesem Dezembermorgen indes kam es zu einem Kurzschluss, der jede Erinnerungslücke überbrückte. Ältere Darmstädter sahen sich ohne Vorwarnung zurückversetzt in den Zustand des Ausgeliefertseins, der Ohnmacht; jüngere fühlten ihn zum ersten Mal und wussten doch sogleich, dass sie gemeint sein könnten. Das Elektrisierende dieses frühmorgendlichen Alarms war die Überraschung, wie knapp unter der Oberfläche der Gegenwart die Vergangenheit dieser Stadt liegt. Allein die Ursache war banal, ein, so die Tageszeitung, *falscher Knopfdruck im Zusammenhang mit einem Dachstuhlbrand. Die Berufsfeuerwehr war nach Auskunft von Einsatzleiter Clemens Schallmeyer um 5.30 Uhr zunächst mit einem Löschzug ausgerückt. Kurze Zeit später wurde die Freiwillige Feuerwehr nachalarmiert. Dabei drückte ein Mitarbeiter der Leitstelle den falschen Knopf. Statt der Funkempfänger der freiwilligen Feuerwehrmänner wurde „zu unserem tiefsten Bedauern", so Schallmeyer, Sirenenalarm ausgelöst.* Es war der Knopf Erinnerung.

Der Fehlalarm des 16. Dezember 2003 fügte sich sonderbar in eine gespenstische Diskussion, die kurz zuvor Feuilletons und Fernsehen gefüllt hatte: Endlich dürfe über die deutschen Opfer des Krieges gesprochen werden. Da schwang die Unterstellung mit, bislang habe ein Tabu geherrscht. Das hätte sich, dieser Unterstellung zufolge, auf zweierlei bezogen haben müssen: Vertreibung und eben Bombenkrieg. Die verführerische These zwingt Unähnliches zueinander – und sie ist falsch. Es gab nie ein Schweigegebot, im Sinn einer gesellschaftlichen Verabredung. Im Gegenteil: Über wenig anderes wurde nach 1945 so ausdauernd, einfallsreich und klagend gesprochen wie über die Flucht der Ostpreußen, die Umsiedlung der Schlesier, die Vertreibung der Sudetendeutschen. Keine Familie, in der nicht solche Geschichten zugegen waren.

Die Luft war voller Krieg – noch in den fünfziger und sechziger Jahren. Das erlebten auch die zu dieser Zeit Geborenen. Als ich, um 1964, die Kinderbücherei in der Darmstädter Stadtbibliothek zu entdecken begann, stand in den Regalen Kriegslektüre. Allerdings Heldenbücher: *U 123 auf Feindfahrt.* Die Soldaten pflegten sich über ihren Krieg nicht zu beschweren. Generäle schrieben stolze Memoiren. Selbst Kriegsgefangene waren Helden: *Einer kam durch, Soweit die Füße tragen.* Was in den Büchern fehlte, erzählten daheim die Väter. 1960 dürfte für ein deutsches Kleinkind *Russland* eins der ersten Worte gewesen sein, die es lernte. Freilich erzählten die Väter indifferent. Getanes und Erlittenes blieben unklar. In *Russland* wurde vor allem *marschiert.*

Auch die Mütter erzählten untereinander. Dabei ging es um Bomben, Keller und Feuer. Als ich mich, bei der Vorbereitung dieses Bandes, mit einer gleichaltrigen Buchhändlerin unterhielt, stellte sich heraus, dass wir als Kinder beide die gleichen Albträume gehabt hatten: Im Keller zu sitzen und alles brennt. „Ich träumte auch, dass ich zur Schule rannte und meinen kleinen Bruder aus dem Feuer retten wollte", sagte Marijke zur Megede. Solche Träume waren die Heimsuchungen jener, die beim Spielen Unverständliches aufgeschnappt hatten, Brosamen aus dem Gespräch der Erwachsenen. Der Inhalt war noch immer alarmierend, scharf wie ein Sprengsatz mit Zeitzünder. Dies ist das Erste, was lange Zeit unbeachtet blieb: dass Wirkungen über Generationen hinweg anhalten können. Dass sich auch Traumata fortpflanzen.

Über Bomben, Keller und Feuer waren in der Bibliothek keine Bücher zu finden. Doch es gab sie natürlich. Belletristik wie Gert Ledigs *Vergeltung,* Arno Schmidts *Leviathan*, Hans Erich Nossacks *Untergang.* Zudem heimatgeschichtliche Studien in jedem Jahrzehnt und in jeder Stadt, die betroffen war. Von *Kai-*

Kriegskinder: Ein unbekannter Fotograf macht diese beiden Aufnahmen (oben u. S. 7) 1945 vom Langen Ludwig aus. Das Bild oben zeigt die Luisenstraße; im Hintergrund ist die Pauluskirche zu sehen.

serslautern. Eine Stadt im Feuerregen (1953) über *Niederrheinisches Land im Krieg* (1964), *Karlsruhe. Schicksalstage einer Stadt* (1973), *Christbäume über Frankfurt* (1983) zu *Leipzig im Bombenhagel* (1998). Diese Literatur benutzt auch Jörg Friedrich, dessen furioses Buch *Der Brand* so großes Aufsehen erregt hat. *Über den Bombenkrieg,* so Friedrich, *ist viel geschrieben worden, seit langem.* Folgt der Nachsatz: *Aber nicht über seine Leideform.* Ist das wahr?

Seiner Zerstörung entsinnt sich Darmstadt regelmäßig. Jährlich am 11. September läuten Kirchglocken; in größeren Abständen hält die Stadt inne. 1954 wurden Erinnerungsstätten eingeweiht, *den Toten zum Gedächtnis, den Lebenden zur Mahnung;* 1964 erschien der erschütternde Bericht *Die Brandnacht,* zusammengetragen von Klaus Schmidt; 1984 und 1994 gab es Ausstellungen. Ähnlich dürfte es in anderen Städten gewesen sein. Man kann Darmstadt auch nicht vorwerfen, es habe das Erinnern ritualisiert. Ein hier aufgewachsenes Kind wusste früh, dass mit Darmstadt etwas Ungeheuerliches, Beispielloses geschehen war. Die *Brandnacht* war bald in jedem Haushalt vorhanden. Ob sie auch gelesen wurde, steht dahin. Schmidt, ein stilsicherer Journalist, hatte mit dem Titel seines Buches ein künstliches Wort, einen künstlerischen Begriff gewählt. Allein die Darmstädter sprachen lieber, als habe es eben nur diesen einen gegeben, vom *Angriff.* Damit ließ sich die Zeitrechnung einteilen: *vor dem Angriff, nach dem Angriff.*

Schmidts Buch ist ein Gehäuse des Schreckens. Die Wahrheit verfehlt es dennoch auf merkwürdige Weise. Geschehen und Erleiden kommen nicht zusammen. Um das zu verstehen, muss man den bis dahin möglichen Erzählformen nachspüren. Die Soldaten gaben ihren Krieg in Gestalt kleiner und großer Grotesken wieder, worin niemand Bezug zu irgendetwas hat, Handeln und Sinn unsichtbar bleiben. Flüchtlinge und Vertriebene dagegen sprachen gemeinschaftlich, politisch, unterlegt mit dem Zweck einer Klage: Uns ist Unrecht widerfahren. Darin spiegelt sich eine Perspektive wider, die den Krieg bis kurz vor seinem Ende nur vom Hörensagen kannte. Die Geschichten aus den bombardierten Städten dagegen gingen ganz anders. Sie waren frei von Klage und Anklage. Sie objektivierten das Geschehen. Sie wiesen das Erleiden stets anderen zu: Nachbarn, Verwandten, Vermissten, Toten. Die Distanzierung ist umso größer, je präziser die grauenhaften Details geschildert werden.

Die Gründe dafür sind vielschichtig. Schmidts Buch waren 1964 Artikelserien im *Darmstädter Echo* und im *Darmstädter Tagblatt* vorausgegangen: fachliche Erörterungen, militärische Dokumente, vor allem Augenzeugenberichte. Zu Wort meldeten sich Darmstädter, die den *Angriff* als Erwachsene erlebt hatten, Mütter, Krankenschwestern, Feuerwehrleute, Polizisten. Die Serien liefen unter den Überschriften *Tod und Wiedergeburt unserer Stadt* sowie *Darmstadts Untergang.* Die Wortwahl verrät Standpunkt und Blickwinkel. Was tot, was untergegangen

Der Palaisgarten und die Wilhelminenstraße mit St. Ludwig.

ist, das ist fort, vorbei. Was danach kommt, hat mit dem Davor nichts zu tun. Schmidts *Brandnacht* war als Abschlussbericht gedacht. Allein Darmstadt war durchaus nicht untergegangen.

Erleiden ist ohne Handeln nicht zu denken. Dem Dilemma dieses Gedankens weicht die *Brandnacht* aus, indem sie das Geschehen ins Metaphysische verschiebt. Nicht ohne Grund ist die wortgewaltige Schilderung des Kaplans von St. Ludwig an den Anfang gestellt. Jakob Schütz – ich erlebte ihn noch als Religionslehrer – lässt das Feuer vom Himmel regnen wie in der Offenbarung des Johannes: Die Apokalypse bricht an. Man liest das nicht ohne Erschütterung. Da Schütz für die Torturen keine Erklärung anbietet, muss es sich um Schicksal handeln. Dass das eigene Leid hier unausgesprochen bleibt, kann auch mit Scham zusammenhängen.

Verblüffenderweise wird auch auf den 590 Seiten von Friedrichs *Der Brand* die *Leideform* des Bombenkriegs ausgespart. Das liegt zum einen daran, dass sich auch Friedrich auf die Erlebnisberichte aus den sechziger Jahren stützt. Zum anderen an der Absicht des Autors, die Monstrosität der Attacken herauszustellen. Friedrichs Methode ist die der Äquivalenz. Aus der schieren Masse der Tötungsmittel muss sich das Maß des Erlittenen ergeben. Nie zuvor in der Menschheitsgeschichte sei ein Land so zerstört worden, schreibt Friedrich (was weder für die Menschheitsgeschichte noch für die Geschichte des Zweiten Weltkriegs stimmt): Das läuft auf eine Beweisführung hinaus, die in Anklage münden müsste. Die aber versagt sich der Autor. Um wenigstens seine Absicht zu befriedigen, destilliert Friedrich den Krieg zur – immerhin diesseitigen – physikalischen Funktion. Das liest sich dann so: Städte *verschwinden von der Welt,* Pforzheim *zerkochte zu Lava, Brandstoffe wollten ihr Werk beenden, kochendes Häusermagma jagte durch die Gegend.* Die *Leideform* kann aber nur den einzelnen Menschen betreffen. Er ist das Maß des Erlittenen. Zu diesem Punkt jedoch gelangt Friedrich nicht, weil er auch das Individuum nur in seiner Physis erfasst, die der *Dekomposition* anheim fällt: *Die Organe versagten ihren Dienst und wechselten in eine andere Gestalt, weil die Atmosphäre ausgetauscht war, worin Leben gedeiht. Der Feuersturm simulierte kurzfristig einen anderen Planeten, dessen Lufthülle keine Organismen zulässt. Vernichtung tritt ein, wenn nichts mehr am Ort sein kann.*

Der Jargon ist nicht unähnlich dem jener Physiker, die mit der Vernichtung experimentierten. Zum Glück ist es so nicht gewesen. Tatsächlich überlebten stets mehr Menschen den Feuersturm, als ihm zum Opfer fielen. Auch in Darmstadt, wo es in der Nacht des 11. September 1944 zweifellos Todeszonen gab, ist Friedrichs anorganischer Planet nicht simuliert worden. Friedrich gesteht schließlich ein, dass zwar achtzig Millionen Stabbrandbomben – die effektivste Waffe des Zweiten Weltkriegs – aus den Flugzeugen gekippt worden waren, dennoch dadurch nur 1,5 Prozent der städtischen Bevölkerung Deutschlands,

Hessische Landes-Zeitung

Parteiamtliche Tageszeitung der NSDAP Gau Hessen-Nassau

Darmstädter Täglicher Anzeiger / Anzeiger der Hessischen Landesregierung / Amtsverkündigungsblatt aller Behörden

Freitag, 30. August 1940 — Nummer 240 / 79. Jahrgang

Dover überhaupt keine Stadt mehr

Ein neutraler Augenzeuge über die Wirkung der deutschen Luftangriffe - Britische Rüstungszentren versinken in Schutt und Asche

Feige Angriffe auf die Wohnviertel Berlins

Militärische Ziele nicht getroffen - Zahlreiche Zivilpersonen getötet

Todeszonen im Mittelmeer

Von Paul Hofmann - Rom

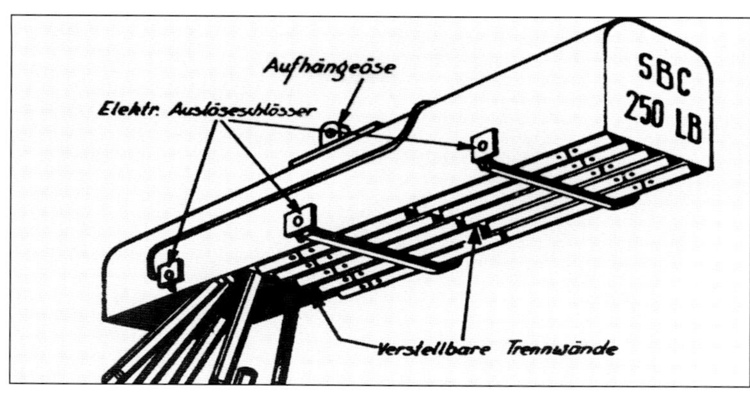

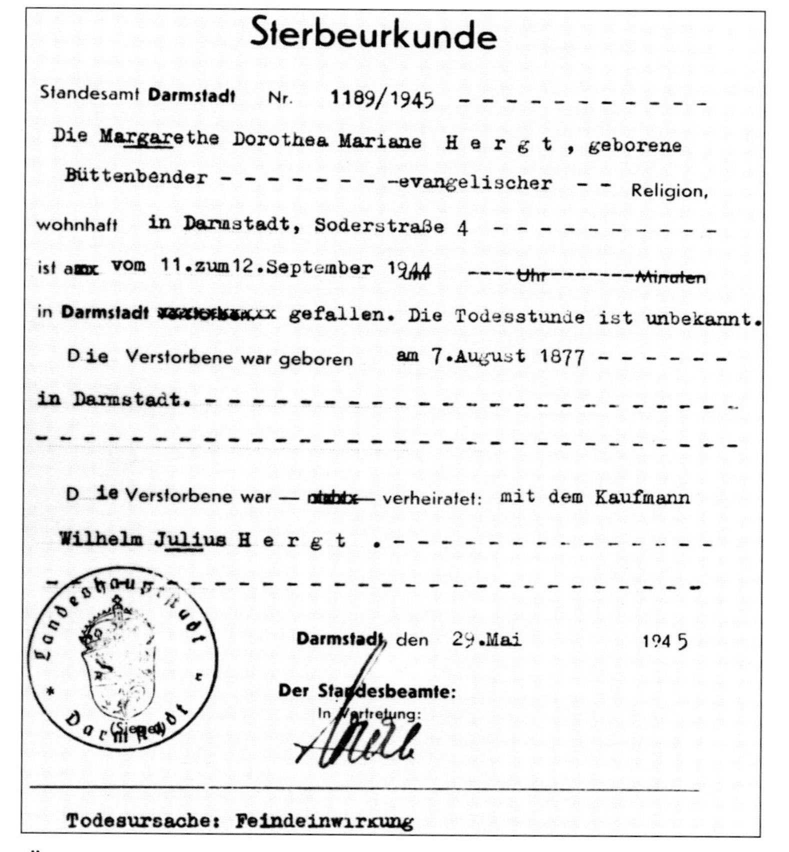

Sterbeurkunde

Standesamt Darmstadt Nr. 1189/1945

Die Margarethe Dorothea Mariane Hergt, geborene Büttenbender, evangelischer Religion,

wohnhaft in Darmstadt, Soderstraße 4

ist vom 11.zum12.September 1944

in Darmstadt gefallen. Die Todesstunde ist unbekannt.

Die Verstorbene war geboren am 7.August 1877 in Darmstadt.

Die Verstorbene war verheiratet: mit dem Kaufmann Wilhelm Julius Hergt

Darmstadt, den 29.Mai 1945

Der Standesbeamte:
In Vertretung:

(Siegel)

Todesursache: Feindeinwirkung

Über die Zerstörung englischer Städte jubelte man in Darmstadt. Die Engländer antworten mit ihrer wirksamsten Waffe, der Stabbrandbombe. 286 000 davon, verpackt in Blechbehälter, fallen auf Darmstadt.

0,7 Prozent aller Deutschen, ums Leben gekommen sind. Weil sich mit solchen Zahlen nichts beweisen lässt, beziffert Friedrich folglich vor allem die Verluste kulturgeschichtlich wertvoller Architektur. Die *Leideform* der Luftangriffe wird mit dem Abbrennen gotischer Fachwerkhäuser belegt.

Wie der Bombenkrieg wirklich erlebt wurde, es bleibt kaum zu erfahren. *Alarme, Überfliegungen. Beim zweiten Mal, bei Sonnenuntergang, hielt ich ein Glas Burgunder, in dem Erdbeeren schwammen, in der Hand. Die Stadt mit ihren roten Türmen und Kuppeln lag in ihrer gewaltigen Schönheit, gleich einem Kelche, der zu gewaltiger Befruchtung überflogen wird. Alles war Schauspiel, reine, vom Schmerz bejahte und überhöhte Macht.* Ich hatte diesen Satz eher zufällig wiedergefunden, bei den Recherchen für dieses Buch. Ernst Jüngers Kriegstagebuch *Strahlungen.* Eine auf den ersten Blick abscheuliche Notiz. Luxuriöser kann eine Haltung im Krieg und zwischen den Verbrechen nicht sein. Nicht der Erdbeeren wegen, sondern wegen der ganz aufs Beobachten zurückgezogenen Position: Noli me tangere. Das geht mich nichts an. Isolation eines Überlegenen, *mein moralisches Verhältnis zu den Menschen wird auf die Dauer zu anstrengend.* Allerdings ist vom Schmerz die Rede, der bejaht wird. Wessen Schmerz? Der Hinweis darauf findet sich an früherer Stelle: *Die Städte waren reif geworden und mürbe wie Zunder – und der Mensch war begierig auf Brandstiftung. Was kommen musste, ließ sich erraten, als er in Russland die Kirchen, in Deutschland die Synagogen in Brand steckte und als er seinesgleichen ohne Recht und Urteil in Zwangslagern verkommen ließ. Die Dinge erreichten den Punkt, an dem sie zum Himmel schreien.* Notiert am 27. November 1943. Der Schmerz wird bejaht aus Einsicht in die Notwendigkeit. Freilich nicht aus Einsicht in das eigene Beteiligtsein.

Darin ist ein Muster verborgen, das sich als brauchbar erwies. Und so gibt ausgerechnet Jüngers subtile Prosa die Richtung frei für reflektierende Reminiszenzen im Nachkriegsdeutschland. *Wir hatten damit nichts zu tun.* Bei Jünger findet sich der Schlüssel, der die irritierende Distanziertheit der frühen Bombennachtzeugnisse aufschließt. Wer sich aus den historischen Zusammenhängen, zumal denen von Schuld und Verantwortung, entlassen sieht, kann die Gräuel in all ihrer Entsetzlichkeit schildern. Das bedeutet im Umkehrschluss: Wer die Gräuel auf sich bezieht, sich zum eigenen Erleiden bekennt, der muss auch die Zusammenhänge von Schuld und Verantwortung anerkennen. Dazu war die Kriegsgeneration nicht fähig. Ihre Vokabel vom *Untergang Darmstadts* besagte auch, dass das Untergegangene vergangen sei: endgültig.

In der Nacht vom 11. auf den 12. September 1944 starben in Darmstadt 10 000 Menschen, möglicherweise sogar mehr (die Zahl 12 300, die Schmidt angibt, entstammt dem britischen Nazi-Apologeten David Irving). Zehntausend Tote: So viele, wie die

Sterberegister des Standesamts Darmstadt. Die vorn stehenden Bände enthalten die Namen der Bombenopfer.

Gaskammer in Birkenau an einem Tag produzierte, so viele, wie die deutschen Gebirgsjäger bei ihrem Massaker an italienischen Kameraden auf Kephalonia hinterließen. Solche Vergleiche hat 1964 niemand herangezogen. Auch Friedrich fallen sie nicht ein. Im Gegenteil: *Einen inneren Zusammenhang von Judenvernichtung und Bombenkrieg gibt es nicht,* heißt es in *Der Brand*. Friedrich irrt. Einen äußeren gibt es nicht – dergestalt, dass Rache für Auschwitz kein Motiv des Bomber-Kommandos war. Der *innere* Zusammenhang dagegen ist evident. Zunächst in der Abwehr: Wer sich nicht zu den Opfern zählt, braucht sich auch nicht zu den Tätern zu rechnen. Dann in einem übergreifenden Sinn: Das eine ist die Antwort auf das andere.

Was die Augenzeugen, die sich 1964 äußerten, vor allem nicht vermutet hatten: Dass ihr Schlussstrich unwirksam sein würde. Dass das im Bombenkrieg Erlebte und Erlittene sich quälend noch auf ihre Kinder auswirken werde, und wiederum auf deren Kinder. Doch genauso geschah es. Es ist, als müssten die Qualen fortdauern, solange sie nicht durchschaut sind.

An die Kinder des Krieges und der Bombennächte, an die Feuerkinder, hatte tatsächlich niemand gedacht. Sie sind es, die in diesem Buch zu Wort kommen – erstmals. Die Wirkung der Bomben auf die Erwachsenen ist noch 1945 von den Amerikanern untersucht worden. Ergebnis: keine anhaltenden psychischen Folgen. *Seelisch war ich unbeteiligt,* auch dieses schöne Zitat findet sich bei Friedrich. *Selbst Geisteskranke verhielten sich diszipliniert und gefasst.* Die Erklärung kann nur in der Gewöhnung an Gewalt und an der Beteiligung daran liegen. Die Deutschen waren von ihrer Regierung seit 1934 auf die Schrecken der Bombennächte vorbereitet worden. Als diese zehn Jahre später eintraten, hatte die Bevölkerung schon genug Schlimmes erfahren, um sich nicht zu wundern. Solang man überlebte, war alles in Ordnung. Hinterher wiederum gab es genügend zu tun. Das Komplementärbuch zur *Brandnacht* heißt *Darmstadt schlägt sich durch – zwanzig Jahre Wiederaufbau* und ist zur gleichen Zeit erschienen.

Für die Kinder, für die beim *Angriff* sieben, zehn, zwölf oder fünfzehn Jahre alt Gewesenen, gilt nichts davon. Aus der Sicht eines Kindes ist die Welt der Erwachsenen, in die es hineinwächst, nicht zu hinterfragen. Sie ist die gegebene. Und in jedem Fall eine Sphäre der Sicherheit. Wo die Mutter ist, kann dem Kind nichts geschehen. Vor ihr muss jede böse Macht kapitulieren. Allerdings ist auch der Krieg Teil der Erwachsenenwelt. Mit ihm muss es folglich seine Richtigkeit haben. Auch der Krieg mit seinen Bomben ist das Gegebene. Was aber, wenn die Erwachsenen in ihrem eigenen Krieg den Kindern keinen Schutz bieten können? Und was, wenn Bomben die Mutter töten?

Roßdörfer Straße, Kreuzung mit der Beckstraße, Blick in westliche Richtung.
Unten die gleiche Ecke sechzig Jahre später, Blick nach Nordosten. Wohnanlage der Hegemag von 1955.

In der Nacht des *Angriffs* sind nicht nur Hunderte Darmstädter Kinder ums Leben gekommen. Für Tausende stimmte ab etwa Mitternacht nichts mehr von dem, was bis dahin ihre Gewissheiten waren. Das unterschied ihre Wahrnehmung grundsätzlich von der ihrer Eltern. Und es unterscheidet ihre Erinnerungen und deren Wiedergabe im gleichen Maß von denen des Jahres 1964, wie sie die *Brandnacht* verzeichnet. Kinder hatten kein Programm zur Sublimierung, auch nicht das pragmatische des Anpackens und Aufbauens. Sie blieben für sich allein: nicht zuletzt die Vollwaisen. Jedes von ihnen hatte seine eigene *Leideform.* Bei jedem eine andere. In diesem Buch wird davon erzählt.

Oft werden die Berichte eingeleitet wie bei Ruth Gaulrapp: *Ich hatte vor vierzig Jahren den Aufruf für das Buch „Brandnacht" gelesen. Damals war es mir noch nicht möglich, darüber zu reden oder zu schreiben. Heute bin ich froh, dass ich es getan habe.* Ruth Gaulrapp war beim *Angriff* zwölf Jahre alt. Falls Friedrichs Behauptung stimmt, es habe *keine Psychiatriepatienten gegeben, denen das Gemüt zerfetzt wurde wie anderen die Gliedmaßen,* dann bedeutet dies lediglich, dass die Traumata der Kinder nicht erfasst, nicht behandelt wurden. Anders als die Erwachsenen nämlich haben die Kinder von damals das Grauen auf sich bezogen.

Diese Veränderung in der Wiedergabe wird natürlich auch dadurch möglich, dass hinzugekommenes Wissen die Erinnerungen teils filtert, teils begleitet. So naiv die Bombennächte erlitten wurden, so wenig unschuldig jedoch wird davon berichtet. Wer heute von 1944 erzählt, tut dies – anders als noch 1964 – im Bewusstsein von Auschwitz. Nur so öffnen sich die Tore zur Wahrheit des elften September. Wenn von einer Wirkung des Bombenkriegs gesprochen werden kann, dann liegt sie hier. Ein weiter Weg, und um wie viel bitterer als jener der vorangegangenen Generation, die ihr Entsetzen noch hatte begriffsstutzig, trauerlos und erkenntnisfrei begraben können! Das heißt allerdings nicht, dass solche Folgen in der Absicht der Alliierten gelegen hätten. *Moral bombing* meinte etwas anderes (und zielte in Wirklichkeit auf die Moral des eigenen Personals). Wer nach den Motiven der Bombenangriffe fragt, verheddert sich, wie Jörg Friedrich, im Gestrüpp militärischer und ethischer Kategorien, die sich nicht aufeinander anwenden lassen. Sie helfen nicht weiter im Verstehen. Ob Darmstadt und Dresden Verbrechen waren, ob ihre Zerstörung vernünftig oder gar militärisch erforderlich war – diese Fragen lassen sich zwar beantworten, doch sind die Antworten belanglos. Die Gründe der Zerstörung liegen im Politischen. Politisch, also im Sinn eines Ausgleichs, war die Zerstörung notwendig: Damit die Welt wieder gerade gerückt werde.

Kiesstraße, westlicher Teil zwischen Karl- und Hochstraße mit Gleisen der Trümmerbahn. Hier hat kaum jemand überlebt. Unten: Das andere Ende der Kiesstraße; Pultdachhäuser des Bauvereins aus den fünfziger Jahren.

Darmstadt nimmt in Friedrichs Buch den kleinsten Raum ein, weil hier kaum baugeschichtlich Bedeutsames Schaden nahm. Schade ist es um die Stadthäuser Georg Mollers. Das Gros des Vernichteten aber waren düstere Wohnhäuser des neunzehnten Jahrhunderts: endlose enge Straßen mit hohen Fassaden voll falschem Dekor. Dazu der modrige Altstadtkern, der auch ohne Krieg die vierziger Jahre nicht überlebt hätte. Von dieser inneren Besiedlungsfläche lagen 78 Prozent in Trümmern. Zwischen Neckarstraße und Ostbahnhof waren es 99 Prozent. Das Gefängnis in der Rundeturmstraße (an dessen Stelle heute das Fraunhoferinstitut steht), der Wohnblock hinter dem Finanzamt (dessen Betondach Brandbomben abwehrte) und ein Mietshaus (Ecke Heinrich- und Inselstraße) blieben unversehrt: Zufall, denn in fünftausend Meter Höhe konnten Bombenwerfer weder zielen noch gezielt aussparen. Auf den gesamten Stadtraum bezogen, betrug der Zerstörungsgrad 52,4 Prozent. Andere Orte hatte es schlimmer getroffen. Die Opferzahlen des 11. September 1944 – Tote und Vermisste zusammengerechnet, waren es laut Standesamt 9408; tatsächlich wohl mehr – hoben Darmstadt jedoch auf die Schwelle der wenigen Städte, die bei einem Angriff fünfstellige Verluste erlitten hatten: Hamburg, Kassel, Dresden und vor allem Pforzheim. Dort starben am 24. Februar 1945 zwanzigtausend Menschen, ein Drittel der Bevölkerung.

Darmstadt mit seinen 115 000 Einwohnern verlor zehn Prozent. Siebenmal soviel wie deutsche Städte im Durchschnitt. Die Summe bleibt rätselhaft, die Ursache unklar. Gewiss, Darmstadt hatte kaum sichere Großbunker. So saßen fast alle Darmstädter im Hauskeller. Die Opferzahl schnellte in die Höhe, wo diese in der Todeszone lagen: zwischen Rheinstraße und Hügelstraße, zwischen Marktplatz und Ludwigsplatz und vor allem im Ostviertel. Todeszonen waren die Kiesstraße, die Karlstraße, Strecken zwischen Woog und Tierbrunnen. Hier wurden die Keller zu Krematorien. Die Konsequenz daraus ist den Überlebenden gleich klar: *Also: Wasser im Keller, Bademäntel, Mulltücher, Schwämme oder so Ähnliches für das Gesicht, Feuerschutzbrillen (die Augen sind sofort entzündet) und nicht zu lang im Keller bleiben. Es geht eine ganze Weile, man braucht nicht während der Einschläge hinaus, aber danach gleich! In einen Garten, bei euch der Kurgarten, laufen, ein bisschen Deckung suchen vor Feuerwind und Funkenflug, und da hocken bleiben. Der Mensch hält erstaunlich viel aus! Lieber kurz durch die Flammen laufen, das geht bestimmt!* Diese Ratschläge gibt Käte Mässing in einem Brief vom 18. September 1944 Verwandten, denen womöglich noch bevorsteht, was Darmstadt gerade hinter sich hat. Sie erwähnt auch eine fortwährende Serie von Explosionen, die viele vom zeitigen Verlassen des Kellers zurückgehalten habe, *ein Munitionszug am Stadtrand.*

Der Tod – Deutschlands bewährter Exportartikel – kommt zurück …

AM 31. Dezember 1940 prahlte Hitler: „Wir versichern, dass für jede Bombe zehn oder, wenn nötig, hundert zurückgeworfen werden!"

Diese Grosstuerei leistete er sich damals, als sich seine Lobhudler und Reklametrommler an dem Schicksal Warschaus, Rotterdams und Londons geradezu delektierten, während deutsche Städte kaum noch gelitten hatten.

Unterdessen hat sich einiges geändert. Zwischen dem 16. Juni und dem 10. Juli hat die R.A.F. 3 500 Tonnen Bomben allein auf das Ruhrgebiet, auf Köln und auf Bremen abgeworfen. Und statt gemäss Hitlers großspurigen Versprechungen mit 35 000 oder gar 350 000 Tonnen Bomben zu antworten, hat die deutsche Luftwaffe in derselben Zeitspanne weniger und schwächere Angriffe auf England ausgeführt als je seit über einem Jahr.

Indem die R.A.F. deutsche kriegsindustrielle Betriebe im Westen zerstört, schwächt sie die deutsche Angriffskraft im Osten. Noch bedeutsamer ist in dieser Beziehung die Vernichtung der deutschen Küstenschiffahrt durch die R.A.F. Während der ersten 17 Tage des Monats Juli wurden allein an der holländischen und französischen Küste 62 Schiffe mit 240 000 BRT versenkt oder beschädigt; daraus ergibt sich eine riesige Sonderanspannung des ohnehin überlasteten Inlandtransportsystems, der Eisenbahnen und Kanäle, die ihrerseits selbst durch die Nachtangriffe der R.A.F. Störungen erlitten. So wird es immer schwieriger werden, den Feldzug im Osten auf die Dauer durchzuhalten.

Was Deutschland bisher zu leiden hatte, ist jedoch lediglich ein Vorgeschmack des Kommenden. Immer schneller und schneller wächst die R.A.F., sowohl an Ausmass wie an Stärke. Es wird nicht mehr lange dauern, bis mit den länger werdenden Nächten mehr und mehr der neuen Riesenbombenflugzeuge, die in England und Amerika gebaut werden — und die die neue britische „Bezirksbombe" befördern, welche eine fünfmal so grosse Sprengkraft hat wie jede andere Bombe — tiefer und tiefer nach Deutschland eindringen werden.

Hitler-Deutschland hat Tod und Verheerung reichlich exportiert. Jetzt fängt es mit dem Import an.

Vor 9 Monaten

Völkischer Beobachter, 25. *Oktober* 1940:
„In der Geschichte steht die gigantische Bombardierung Londons ohne Beispiel da."

Völkischer Beobachter, 27. *Oktober* 1940:
„Die Londoner erlebten wiederum ein Wochenende des Schreckens … Kurze Zeit nach der Entwarnung setzte bereits der 268. Alarm ein, bei dem ein neuer, Tod und Verderben bringender Bombenregen auf verschiedene Londoner Bezirke herniederging."

DREI VERSPRECHEN

Hermann Göring, *am 9. August* 1939:
„Das Ruhrgebiet werden wir auch nicht einer einzigen Bombe feindlicher Flieger ausliefern."

Churchill, *am* 14. *Juli*:
„Wir werden von nun an Deutschland in immer grösserem Maßstab mit Bomben belegen, Monat auf Monat, Jahr auf Jahr, bis das Naziregime entweder von uns ausgerottet ist, oder — besser noch — bis ihm das deutsche Volk selbst den Garaus macht.

F. D. Roosevelt, *am* 15. *März* 1941:
„Von jetzt an wird unser Einsatz immer und immer grösser und machtvoller, bis der totale Sieg erkämpft ist."

MENETEKEL: 1914 — 1940

IHR habt Euch einreden lassen, dass Deutschland den vorigen Krieg verloren hat, weil die Armee auf ihrem …

damals war es nur der Westen, wo der Endsieg gewonnen werden konnte.

licher Anstrengungen und sinnlosen Blutvergiessens. Wie lange werdet Ihr diesmal brauchen, bis Ihr erkennt, wieviel es …

Flugblätter der Alliierten, abgeworfen über Darmstadt.

Dieser Umstand hat sechzig Jahre lang die Phantasie beflügelt. Gab es diesen Zug, war er wirklich die Ursache dafür, dass der *Angriff* nicht tausend, sondern zehntausend Menschenleben kostete? Fast kein Bericht, der die Explosionen nicht erwähnt. Und fast nichts passt zueinander. Den glaubwürdigsten Zeugnissen zufolge waren in der Nacht vom 11. zum 12. September fünfzehn bis zwanzig Waggons, beladen mit 8,8-Zentimeter-Panzergranaten, auf dem Gleis abgestellt, das südlich vom Hauptbahnhof zu den heutigen Kelley Barracks hinaufführt. Sie seien in Brand geraten und einer nach dem anderen in die Luft geflogen. Die Granaten hätten den Bahndamm förmlich durchsiebt. Allein auf Luftbildern sind solche Schäden nicht erkennbar, Akten der Reichsbahn zu diesem Vorfall bislang nicht bekannt. Wodurch sich die Waggons hätten entzündet haben können, ist offen – sie standen nicht im Bombenabwurfgebiet. Zeitangaben zum Beginn der Explosionsserie fehlen ebenso wie zur Dauer.

Sicher ist nur dies: Die Bombenabwürfe begannen um 23.55 Uhr und endeten gegen 0.20 Uhr. Eine Stunde später hatten sich die Flächenbrände zum Feuersturm verbunden. Wer dem Inferno bis dahin nicht entronnen war, besaß geringe Chancen zum Überleben. Um 4 Uhr war nahezu alles, was brennen konnte, verbrannt; danach glühten nur noch Wände, Eisenträger, Kohlen. Gegen 6 Uhr konnten die, die wider jede Wahrscheinlichkeit den Feuersturm überlebt hatten, eingesammelt werden. Die Parteiorganisationen verteilten Butterbrote, trugen Verletzte ins Krankenhaus. Und Tausende Ausgebombter fuhren vom Haupt- und vom Ostbahnhof aufs Land.

Da über die wahren Schrecken des *Angriffs,* nämlich darüber, was der Krieg dauerhaft in den Lebenden anrichtet, lang nicht gesprochen werden konnte, mussten die äußeren Dimensionen herhalten, um dem Ungeheuerlichen der Brandnacht Gestalt und Bedeutung zu verleihen. Die Opferzahlen wurden noch ein bisschen nach oben korrigiert; dazu kam Kolportage. Darmstadt sei die *Probe für Dresden* gewesen – woran nur richtig ist, dass in beiden Städten die Methode fächerförmigen Abwurfs angewandt wurde. Schließlich wurde der englischen Bomberflotte Infamie und Täuschung unterstellt. *Diese bösen Menschen haben doch Flugblätter abgeworfen, dass Darmstadt verschont wird, weil sie später dort wohnen wollen,* schreibt Gerdi Willomitzer. Auch Ludwig Döll will ein Flugblatt gefunden haben, *auf diesem stand klipp und klar zu lesen, Darmstadt und Heidelberg werden wir verschonen.* In solchen Erinnerungen geht manches durcheinander, Gerüchte und Parolen. *Schließlich habe die Stadt ja enge Beziehungen zum Englischen Hof,* heißt es bei Horst Ling. *Warum auch immer, irgendwie wurde auch die Technische Hochschule mit der beruhigenden Nachricht in Verbindung gebracht.*

Nein, nach dem Krieg wurde vielmehr behauptet, Darmstadt sei bombardiert worden, weil an der Hochschule *Geheimwaffen entwickelt wurden*. Auch der Hinweis, man habe sich durch ver-

Obere Rheinstraße, Oktober 1944. Im Vordergrund der Ernst-Ludwig-Platz. An Stelle der Trümmer rechts befindet sich heute das Modehaus Schrumpf. Die Aufnahme gehört zu den frühesten nach der Zerstörung. Bilder aus der Nacht des Angriffs und den folgenden Tagen sind bislang unbekannt – mit Ausnahme eines Farbdias, das ein einzelnes brennendes Haus auf der Mathildenhöhe zeigt.

wandtschaftliche Beziehung des Hauses Hessen-Darmstadt zur englischen Königsfamilie geschützt gefühlt, ist ein Nachkriegsmythos. Großherzog Ernst Ludwig – ein Enkel von Queen Victoria – war schon 1937 gestorben; kurz nach ihm starb der größte Teil seiner Familie bei einem Flugzeugabsturz. Prinz Ludwig und Prinzessin Margaret wohnten weitab auf Schloss Wolfsgarten. Es ist nicht zu sehen, worauf die Engländer hätten Rücksicht nehmen sollen. Zumal die Trauerkundgebungen der Darmstädter 1937 machtvolle Demonstrationen des Nationalsozialismus gewesen waren: mit Hitlergruß ins Grab. Es war wohl eher so, wie Peter Assmus berichtet: *Darmstadt bleibt verschont hieß es im Allgemeinen, wenn auch keiner sagen konnte, warum eigentlich. Dann hörte man wieder durch Mundpropaganda von Flugblättern reden mit dem Wortlaut: Stadt im Walde, wir kommen balde.* So gingen die Selbsttäuschungen der Kriegszeit in die der Nachkriegszeit über.

In Wirklichkeit stand auf den Flugblättern: *Jetzt sind die Fliegenden Festungen dran* und *Der Tod, Deutschlands bewährter Exportartikel, kommt zurück.* Darmstadt war gewarnt. Tatsächlich gab es keine zu verschonenden Städte, und es hätte auch keine geben können. Der Grund für die Zerstörung Darmstadts, er findet sich nicht in geheimnisvoller Raketenforschung an der Technischen Hochschule, nicht in pyrotechnischen Experimenten als Vorspiel für Dresden, ja nicht einmal darin, dass sich Darmstadt bei Kriegsausbruch stolz *Hauptwaffenplatz des Westens* genannt hatte, eine Soldatenstadt voller Kasernen war. Auch nicht darin, dass im *Bomber's Baedeker* immerhin die Firma Merck einen hohen Rang als kriegswichtiges Ziel einnahm. Nein, der Grund lag allein darin, dass der Vernichtungskrieg der Deutschen nur durch die Vernichtung Deutschlands beendet und beantwortet werden konnte. Hätte es bis zum Ende länger gedauert, wäre auch Heidelberg drangekommen.

Mittlere Heinrichstraße, Hausnummern 58, 60, 62. Links die Kreuzung mit der Karlstraße.

In diesem Sinn – und ganz unabhängig von den strategischen Erwägungen der britischen Admiralität – war der Bombenkrieg notwendig. Die *Leideform* freilich bleibt davon unberührt, der Schrecken, der von den Betroffenen individuell erlebt wird, ungemindert. Die Frage, ob der *Angriff* ein Verbrechen war, geht ins Leere. Weil sie im Fall der Bejahung Schuld offenbarte und Bestrafung nach sich ziehen müsste. Treffende und Getroffene sind jedoch nicht in einem Zusammenhang von Schuld und Strafe aneinander gebunden. Auch die Bomben sind keine Strafe, etwa für Auschwitz. Die Verbindung ist vielmehr in einem nicht auflösbaren Verhängnis zu sehen, in das sich die Deutschen offenen Auges begeben haben. Dies wiederum entlastet nicht die Angreifer von ihrer Verantwortung. Auch dieses Paradoxon ist unauflösbar. Der Angriff kann notwendig sein und verlangt dennoch von den Handelnden Überschreiten des Verantwortbaren. Dies trifft weniger Premier Winston Churchill, und schon gar nicht den Chef des Bomberkommandos, Arthur Harris. Dies trifft jeden einzelnen Bomberpiloten. Der Ausführende verantwortet sein Tun, nicht anders als bei den deutschen Soldaten. Das fliegende Personal der Royal Air Force bestand allerdings aus Freiwilligen.

Da es sich um ein Verhängnis handelt, dauert die Wirkung des elften September an. Das war es, was die Wiederaufbaugeneration übersah. Die hoffte, wenn sie eine neue Stadt an die Stelle der alten setze, werde die Geschichte unterbrochen. Tatsächlich entstand das neue Darmstadt schöner, heller, luftiger, freundlicher, als das alte gewesen war, und erlaubte später das Heranwachsen einer demokratisch gesonnenen Gesellschaft. Und doch sind die Wunden noch erkennbar. Plötzlich ist man überrascht, auf wie viele Ruinen man auch nach sechzig Jahren noch schaut.

Als ich dieses Buch begann, bewegte mich vor allem ein Gedanke: Wie kann man es ertragen, dass über Nacht alles verschwindet, was bis zum Abend vertraute Umgebung gewesen war, Nachbarhaus, Straßenbahnhaltestelle, Kino, Schule, Rathaus, Café, die Bäume, die Straßen, die ganze Stadt? Immer wieder spielte ich diesen Gedanken durch, prägte mir ein, was ich sah, schloss die Augen und stellte mir vor, es sei weg. Einfach weg.

Doch die Vorstellung erreichte nicht ihr Ziel. Und auch in den Erinnerungen der Überlebenden fand ich die Antwort nicht. *Bis heute bleibt mir der schreckliche Eindruck von damals: Nie*

Hochstraße. Blick von der Kiesstraße zur Nieder-Ramstädter Straße. Kleines Bild: Hochstraße, sechzig Jahre später, Blick in Gegenrichtung.

mehr wird es meine Heimatstadt Darmstadt geben! – dieser Satz von Horst Rumpf lässt die Erfahrung allenfalls ahnen. Vaterstadt lenkt die Vorstellung ab, bevor *Heimat* oder *Zuhause* oder *da, wo ich lebe* gemeint sein könnte. Je näher man dem Kern kommt, desto mehr weicht die Wirklichkeit zurück. Zu den Erinnerungen, die mich am meisten erschüttert haben, gehört die des damals vierzehnjährigen Günter Wiemer. Er floh mit seinen Eltern vom Straßenbauamt in der Heinrichstraße 60 zum Kapellplatz. Vater und Mutter sind einige Meter hinter ihm. In der brennenden Hochstraße dreht Günter sich um, nachdem er seine Mutter rufen gehört hat, und sieht niemanden mehr: *Vermutlich war das der Zeitpunkt, an dem ich Vollwaise wurde.*

Dieser Satz schließt den äußersten Schmerz ein und bedeutet zugleich die äußerste Zurücknahme menschlicher Empfindungen. Hier stockt alles, Vorstellung, Einfühlung, Bewusstsein. Ich bin Günter Wiemers Fluchtweg nachgegangen, um den Punkt zu finden, an dem die Wirklichkeit ins Unwirkliche tritt, die Erzählung ins Unsagbare umschlägt. Ein fast schon sommerlicher Frühlingstag 2004, Flieder und Zierkirsche blühen. Der Weg, den Günter Wiemer zurücklegte, dauert bei normalem Schritt sechs Minuten und fünfzehn Sekunden; davon nimmt die Passage durch die Hochstraße keine zwei Minuten ein. Man kann jeden Meter Asphalt mustern und findet doch keinen Anhalt zur Vergegenwärtigung. Die Darmstädter, die in diesem Buch ihre Erinnerungen preisgeben, sind weit vorgedrungen in die *Leideform,* in den Schmerz; was sie sich abverlangt haben, nötigt mehr als Respekt ab. Am Ende jedoch bleibt, was sie schildern, unbegreiflich. Und solange dies so ist, solange nicht verstehbar wird, was geschah, solange tragen wir den Krieg in uns.

In der Todeszone: Hof des Heag-Gebäudes an der Luisenstraße mit Einmannbunker.

Erinnerungen

Die Tage davor

Reste: Stegmüllerhaus (Kaufhaus Schneider, später Wroncker und Co.) am Markt, Ecke Ludwigstraße (oben); Villa im Paulusviertel (Mitte); Neues Palais an der Runden Kirche (unten).

Sechzig Jahre in der Rückschau zu erleben, ist bestimmt nicht leicht. Zu vieles liegt dazwischen, gut und böse, Geburt und Tod. Wenn sich die Gedanken auf eine einzige Nacht konzentrieren sollen, schweifen sie immer wieder ab. Manchmal gewinnt diese Nacht an Bedeutung, wenn die Zeit sich jährt oder wenn ein Flugzeug mit seinen lauten Motoren über die Dächer donnert, dann wird man an einem heiteren Sonnentag zurückgestoßen in das Inferno von damals. *Margret Busch*

Wer es nicht gesehen hat, wird es nie begreifen. Noch heute habe ich Albträume, beim Klang einer Sirene ziehe ich den Kopf ein. *Elisabeth Ohlenforst*

Als Kinder sahen wir fast täglich die Bomberverbände schwer beladen mit Bomben über uns hinwegfliegen. Es waren Amis. Sie flogen sehr hoch, und das tiefe Brummen habe ich heute noch im Ohr. Wir dachten immer, wer wird jetzt bombardiert? *Gottfried Drott*

„Darmstadt bleibt verschont", hieß es im Allgemeinen, wenn auch keiner sagen konnte, warum eigentlich. Dann hörte man wieder von Flugblättern reden mit dem Wortlaut: „Stadt im Walde, wir kommen balde." *Peter Assmus*

Schon am 21. August 1944 mussten wir einen Angriff durchmachen. Es krachte ein paarmal, und zwischendurch hörte man die Tiefflieger. Nach der Entwarnung mussten wir erschrocken feststellen, dass es überall brennt. Auch die schöne Stadtkirche. Wir sahen, wie das Feuer im Turm die Treppen hochkam, bis schließlich Flammen riesig daraus hervorschlugen. Die Menschen mussten erschüttert zusehen, wie eines der Wahrzeichen der Stadt unterging. Die Glocke krachte mit einem letzten „Kling" zu Boden; dann hörte man nur noch das Feuer rauschen. *Gudrun Gottstein (Tagebuch)*

Dieses Wochenende, der 9. und 10. September, waren die beiden letzten Tage, die ich in unserer Wohnung in der Roßdörfer Straße erlebte. Ich hatte noch eine große Freude, die Meerschweinchen hatten Junge bekommen. *Heinz-Albrecht Caspar*

Darmstadt 1939: Ernst-Ludwig-Platz mit Weißem Turm, links Henschel und Ropertz (großes Foto); Großes Haus des Landestheaters (unten).

Am Nachmittag des 11. September setzten bei mir die ersten Wehen ein. Da die Hebamme zu tun hatte, wurde ich in das Marienhospital eingeliefert. Der Arzt meinte, es dauere noch einige Stunden. *Margarethe Steiger*

Am Montag, dem 11. September 1944, wurde ich 14 Jahre alt. *Erhard Hofmann*

Mein Vater hatte für den nächsten Tag die Einberufung zum Militär bekommen. Es war unser Abschiedsessen. *Erwin Kraft*

Meine Eltern hätten am 13. September Silberhochzeit gehabt. Alles hiefür Nötige hatten sie – wenn auch teuer bezahlt – besorgt, die Gäste waren eingeladen. Ich selbst habe am 11. September bei der Gärtnerei Schulz noch ein Blumenarrangement bestellt und dort den erforderlichen Korb und die silberne 25 abgegeben. Doch es kam alles anders. *Hilde Carpentier*

Eine Geburtstagsfeier wie heute üblich gab es nicht. Lebensmittel waren rationiert, die Stimmung war gedrückt, schon wegen des Vaters im Kriegseinsatz. *Erhard Hofmann*

Der 11. September 1944 war ein wunderschöner Spätsommertag. Mutti, Oma und ich (ein damals elfjähriges Kind) fuhren nach Griesheim, um bei unserer Gemüsefrau einzukaufen. Sie weinte sehr und zeigte uns den Trümmerhaufen – den Rest ihres Hauses. Sie war am 25./26. August 1944 ausgebombt worden; bereits dieser Angriff war, wie bekannt, für Darmstadt bestimmt.

Oma sagte: „Morgen kann es uns genauso ergehen“ – und so kam es. Zurück aus Griesheim, verabschiedeten wir uns von den Großeltern, sie wohnten Ludwigstraße 15, mit „Gute Nacht bis morgen“ – es war ein Abschied für immer. *Edith Schönig*

Im Herbst war das Obst reif. Um die Einkoch-Arbeiten möglichst schnell hinter uns zu bringen, gingen wir an diesem Abend nicht in den Brauerei-Tiefkeller an der Dieburger Straße.

Horst Lind

Sieben Jahre war ich alt und freute mich auf meinen zweiten Schultag in der zweiten Klasse. Basteln war angesagt, „Schere und Buntpapier mitbringen“. Doch daraus wurde nichts.

Elfriede Kees

Der 11. September war ein schöner Kindertag für mich und meine Freundin gewesen. Wir verabredeten uns wie jeden Abend für den Luftschutzkeller. Nicht die Puppen waren in dieser Nacht ausgemacht, sondern die alten Lebensmittelmarken, die wir eifrig sammelten. Wir Kinder in dieser Zeit freuten uns auf Treffen mit Nachbarn im Keller, Gurken-aus-Einmachgläsern-Essen, Spielen und vor allem: nicht schlafen zu müssen. Die Angst war bei uns Sechs-, Siebenjährigen noch relativ. *Mechthild Krapp*

Montagnachmittag waren wir dann zum letzten Mal in der Schule. Die Schulbücher sollten am 12. September abgeliefert werden. In der Nacht gab es dann die Katastrophe.

Gudrun Gottstein (Tagebuch)

Darmstadt 1945: Ernst-Ludwig-Platz mit Weißem Turm, links Henschel und Ropertz (großes Foto); Theater und Theaterplatz in Trümmern. Das Große Haus blieb bis 1986 Ruine, der Heag-Triebwagen 57 jedoch wurde 1947 wieder instand gesetzt und verkehrt heute als Museumsfahrzeug.

Der größte Teil meiner Klasse traf sich zum Abschiednehmen abends im Café Hauptpost an der Rheinstraße. Wir waren die letzten Gäste in diesem schönen Café. Um 22.30 Uhr wurde das Café geschlossen, und ich lief mit meinen Schulfreunden nach Hause in die Ahastraße. *Erich Luckhaupt*

Als der 11. September zu Ende ging, ahnte kein Darmstädter, dass es für viele der letzte erlebte Sonnenuntergang in ihrer Heimatstadt war. *Günter Wiemer*

Nach einem alarmreichen Tag ließ sich der Abend wohltuend friedlich an. Ich schrieb einen langen Brief an meinen Verlobten und freute mich schon auf das Wiedersehen, denn endlich waren alle Heiratspapiere da. Am nächsten Morgen wollte ich sie auf der Kommandantur abgeben, und dann brauchte nur noch der Urlaub bewilligt werden. Aber eine Stunde später war all meine Hoffnung vorbei. *Margret Busch*

Nachdem wie jeden Abend um 20 Uhr eine Aufklärungsmaschine über die Stadt geflogen war (wir nannten sie nur den „Eisernen Heinrich"), gingen wir wie immer mit Trainingsanzügen ins Bett, ein kleines Köfferchen mit dem Nötigsten davor. *Inga Wagner*

Tanti war Schneiderin und fuhr am 11. September 1944 zum Nähen nach Darmstadt. Sie fragte mich: „Willst du mit, zu deiner Mutti?" Ich, begeistert: „Au ja!" – Heimaturlaub von der Kinderlandverschickung. Wir wohnten in der Elisabethenstraße 58 beim Metzger Seibold im Seitenbau. Als ich schlafen ging, sagte ich zu meiner Mutter: „Wenn es Fliegeralarm gibt, brauchst du mich nicht zu wecken, ich gehe nicht in den Keller!" Und es gab spät in der Nacht Fliegeralarm. Mutti fragte: „Na, gehst du mit in den Keller?" Ich hatte zuvor einen seltsamen Traum gehabt: Wir standen im Hof und schauten zu unseren Fenstern hoch, und alle Fensterrahmen brannten lichterloh. Verängstigt sprang ich aus dem Bett und sagte: „Ja, ich habe ganz viel Feuer gesehen am Haus." *Margarete Glimm*

Haltestelle Schloss, Oktober 1944: Blick zum Marktplatz (kleines Bild), in Richtung Luisenplatz (unten).

Die Nacht

Ich schließe die Augen und erlebe den Angriff auf Darmstadt noch einmal.
Eva Traser

Keiner dachte daran, nicht wieder in seine Wohnung zurückkehren zu können.
Emmi Wilken

Mein Vater, der Fahrer bei der Heag war, kam kurz nach 23 Uhr vom Dienst nach Hause. Er weckte uns und sagte: „Steht auf, es gibt gleich Fliegeralarm.“ Wir gingen sofort in unseren Luftschutzkeller, ein gutes, altes Gewölbe, Ludwigstraße 1, heute Brackelsberg.
Edith Schönig

Im Rundfunk tickte dann so eine Art Wecker, und ein Sprecher vom Luftwarndienst in Usingen warnte mit Worten, etwa so: „Feindliche Verbände aus Westen bewegen sich in großer Höhe Richtung Südosten.“ In der Nacht des 11. September gab es wieder Luftalarm. Mit meinen sieben Jahren war ich der Älteste von drei Geschwistern und erlebte damals alles schon sehr bewusst. Durch die dauernden Schlafstörungen war ich sehr nervös geworden und hatte auch zunehmend Angst. Kaum tönte die Sirene, sauste ich aus dem vierten Stock die Treppe hinunter in den Keller.
Dieter Alexander Stier

Erst als der so genannte Frankfurter Wecker starke Bomberverbände über Bruchsal Richtung Darmstadt meldete und bereits die ersten Christbäume am Himmel standen, war jedem klar, jetzt kriegen wir den bitteren Ernst des Bombenkriegs zu spüren.
Günter Wiemer

Meine Mutter stürzte ins Zimmer und rief: „Raus, raus, heute sind wir dran.“
Lieselotte Suchland

Schnell schlüpften wir in die bereitliegenden Kleider, und wenn man mit einem einzigen Blick Abschied nehmen kann von Kindheit, Glück und Geborgenheit, dann geschah das in diesem Moment.
Margret Busch

Ich kann mich nicht erinnern, Angst empfunden zu haben. Die Nähe der Mutter, die bekannten Hausbewohner scheinen mir ein Gefühl der Sicherheit gegeben zu haben. Und dann waren ja auch noch die köstlichen Vorräte, die meine Mutter für die kommenden Wintermonate eingekocht hatte, Marmeladen, Obst in Gläsern, herrliche Obstsäfte, alles aus dem Garten meiner Tante.
Karin Stephan

Ich hatte solche Angst, dass ich nicht den normalen Weg in den Hof nahm, sondern eine kleine Mauer hinuntersprang, was ich noch nie gemacht hatte. Bei uns im Haus wohnte eine etwas laute Frau, und ich versuchte immer, im Keller mich neben sie zu setzen, im Glauben, dass mir dort nichts passieren könne.
Helga Hansmann

Haus des Reichsluftschutzbundes an der Ecke Rheinstraße und Neckarstraße (ehemals Kasino der Vereinigten Gesellschaft, ein Mollergebäude, Foto ganz oben); Richthofen-Bunker an der Rheinstraße (Mitte), Luftschutzkeller mit Kreidemarkierungen für die Alarme im Januar/Februar 1945 (unten).

Meine Mutter mit meinem Bruder und ich hatten einen Platz in der Nähe des Kamins. Dies hatte mein Vater empfohlen, da er im Frankreichfeldzug gesehen hatte, dass nach Luftangriffen deutscher Flugzeuge die Kamine immer noch standen. *Horst Anacker*

Bei uns im Keller war ein Soldat auf Genesungsurlaub, der beinamputiert war. Er hat später ausgesagt, dass diese Ohnmacht im Luftschutzkeller schlimmer gewesen sei, als draußen im Schützengraben zu liegen.

Inga Wagner

Kaum waren alle Hausbewohner versammelt, fielen schon die ersten Bomben. Noch waren wir voll Zuversicht und hofften, dass unsere Straße, unser Viertel verschont bliebe, doch die Detonationen rückten immer näher. Das Licht war schon lang erloschen und wir lagen, wie man es uns so schön gelehrt hatte, flach mit offenem Mund auf dem Kellerboden. Plötzlich flog ein Ton auf uns zu, wurde groß und größer, schwoll zu einem Orkan an. Irgendwer betete das Vaterunser, und während wir alle mitsprachen, spürten wir die Todesnähe. Ein riesiger Luftdruck schleuderte uns im Keller einige Meter weit, wir schluckten Staub und Mörtel, und die Finsternis war noch schwärzer geworden. *Margret Busch*

Alles hatte Mäntel an. Neben den Frauen lagen Rucksäcke mit den wichtigsten Familienpapieren. Die Frauen trugen Kopftücher. Ich hatte in einem Kinderkoffer drei Bücher: „Bluncks Märchen", „Die schönsten Sagen des klassischen Altertums" von Schwab und den „Lederstrumpf" von Cooper. Ein Schuco-Silberpfeil und ein zweimotoriges Flugzeugmodell ergänzten den Inhalt. *Horst Anacker*

Im Luftschutzkeller saßen die Menschen oder kauerten verängstigt wie geistesabwesend im fahlen Schein von so genannten Hindenburglichtern. Auch mir klapperten die Zähne vor Angst, als die Bombeneinschläge immer näher kamen. *Dieter Alexander Stier*

Nun saßen wir allein in diesem Erdloch und hörten, wie draußen die Welt unterging. *Lieselotte Weber*

In dieses angstvolle, unheimliche Schweigen hinein soll ich gesagt haben: „Mutti, jetzt müssen wir sterben." Keine Frage sei es gewesen, sagte man mir später, nur die schreckliche Feststellung eines Kindes.

Mechtild Krapp

Es blieb noch Zeit, sich im Keller häuslich niederzulassen. Dann hieß es plötzlich im Warnfunk „Heidelberg Kurs Nord". Bald lagen wir auf dem Boden hingekauert und ließen das Donnerwetter über uns ergehen. Ich hielt mir die Ohren zu und sperrte den Mund auf. Zuerst klirrten wieder die Fensterscheiben, dann ging es Schlag auf Schlag. Die Flieger schnurrten entsetzlich tief über unsere Köpfe hinweg. Dann gab es einen dumpfen Knall, und da war es geschehen. *Gudrun Gottstein (Tagebuch)*

Luftaufnahmen der zerstörten Stadt, aufgenommen im Sommer von einem Piloten der US Air Force aus einem umdekorierten deutschen Flugzeug „Fieseler Storch". Großes Foto: Rheinstraße mit Luisenplatz, links die Bleichstraße, oben der Mathildenplatz mit der Ruine des Marstalls, rechts unten die Einmündung der Neckarstraße mit der Ruine des Kasinos (Reichsluftschutzbund). Kleines Foto: Alexanderstraße (links), rechts daneben das Trümmerfeld der Altstadt. Oben rechts der unbeschädigt gebliebene Komplex des städtischen Gefängnisses.

Kaum, dass wir unten waren, hörten wir das herannahende Brummen von Flugzeugmotoren, und dann begann das unaufhörliche Heulen von Bomben, das helle Krachen der Sprengbomben und das dumpfe Wumm der Luftminen. Manches fern, dann wieder nah. Durch die Erschütterungen begann der Putz von den Wänden zu bröckeln, und die Luft füllte sich mit Staub. Das elektrische Licht ging aus. Jemand zündete eine Kerze an. In der Furcht, das Haus könnte getroffen und der Ausgang verschüttet werden, durchschlug der Luftschutzwart die nur lose zugemauerte Wand zum Keller des Nachbarhauses, was zusätzlichen Staub verursachte. *Horst Lind*

Detonation auf Detonation erfolgte – Minuten wurden zu Ewigkeiten.
Hilde Carpentier

Man zog den Kopf ein – eine sinnlose Reflexbewegung. Unsere Nerven lagen blank. Mein Bruder, fünf Jahre alt, weinte, nur unsere Mutter saß in ihrem Sessel, starr und regungslos, als ginge sie die Sache gar nichts an.
Georg Kreim

Wie wussten, dass die Bewohner eines Hauses, das von einer Luftmine oder einer Sprengbombe getroffen wird, nur geringe Überlebenschancen hatten. Die schlimmsten Augenblicke waren deshalb jene zwischen dem Einsetzen des Heulens und dem Einschlag. Wird es uns treffen oder nicht?
Bruno Vock

In dieser Stunde erkannte ich blitzartig: Was hast du bisher mit deinem Leben gemacht? *Marienschwester Eusebia*

Nach einigen Minuten war ein wasserfallähnliches Wappern zu hören. Es müssen die Geräusche der Brandbomben gewesen sein. Denn gleich hörte man ein Ticken und Tacken in der Umgebung und auf dem Dach.
Helmut Dunstädter

Nach dem Feuersturm: Soderstraße (oben), Kiesstraße (Mitte und unten).

Und dann etwas, was ich heute noch im Ohr habe. Ein Geräusch, verfremdet, hohl, unwirklich, und doch direkt über uns, nebenan, an allen Seiten: zusammenbrechende Wände, abstürzende Decken, scheinbar unaufhörlich polterndes Geröll und herabfallende Brocken. Das alles muss in Sekundenschnelle passiert sein. *Karl Oldendorf*

Der Einsturz des brennenden Hauses hörte sich an, als fiele ein Waschkorb voll Geschirr aus dem ersten Stock, die Erde bebte. *Inge Spalt*

Das Gewölbe hielt einer Luftmine stand, jedoch Kellertreppe und Hinterausgang waren verschüttet. Als es im Keller anfing zu brennen, blieb uns nur der Durchbruch zum benachbarten Schuhhaus Dielmann. Aber auch dieser Keller war verschüttet. Vati durchschlug sodann den nächsten Durchbruch zum Kaufhof. In diesem öffentlichen Schutzraum brannte es, und alle Menschen kamen ums Leben. Vati versuchte vergeblich, irgendwie auf die Straße zu gelangen. Er ging wieder in Richtung unseres Kellers – es war das letzte Mal, dass wir etwas von ihm hörten. *Edith Schönig*

Die Frauen im Keller flehten meine Mutter an: „Sie kommen vom Land, ihr könnt doch noch beten, beten Sie für uns.“ Aber meine Mutter brachte kein Wort heraus. Das werde ich nie vergessen, dieses Flehen. *Lothar Danz*

Eine alte Frau, gläubige Katholikin, betete. Die anderen waren still. *Karl Oldendorf*

Ich frage Mutti: „Sterben wir jetzt?“ Sie sagt: „Nein, dein Schutzengel ist hier.“ „Ich seh' ihn aber nicht.“ Mutter: „Er ist dort in der Zimmerecke, wo es sich so hell bewegt.“ Ich war getröstet, auch wenn es nur der Widerschein des brennenden Hauses gegenüber war. *Immo Grimm*

Ich war zwar sehr aufgeregt, aber frei von Angst, weil ich grenzenloses Vertrauen in meine Eltern hatte. Für mich, das Kind, das die böse Welt der Erwachsenen noch nicht recht verstehen konnte, bedeutete vielmehr der Verlust unseres Zwergdackels ein schlimmeres Erlebnis als der Kummer anderer Leute. Am Kellerausgang riss der Hund sich los, als er das Feuer sah, und verschwand in den Flammen. *Renate Stüve*

Später, als die Brandbomben gefallen waren, wurde es im Keller staubig und stickig. Meine Mutter forderte alle auf, den Keller zu verlassen, weil wir sonst an Rauchvergiftung sterben müssten (sie wurde immer von ihrer Schwester informiert, was wann und wie zu tun sei). Als wir im Hof standen, sah ich das Bild aus meinem Traum: Alle Fensterrahmen brannten, und hinter den Fenstern war gespenstischer Lichterschein. *Margarete Glimm*

Ich war damals sechs Jahre alt und ahnte, dass in der Stadt die Hölle los sein musste. *Rosemarie Schubart*

Mutti sagte: „Komm, mein Kind, wir können uns hinlegen, wir kommen hier nicht mehr hinaus, wir sind in einer Mausefalle.“ Wir legten uns auf einen Kokshaufen und schliefen ein. Wahrscheinlich hat uns der im Koks vorhandene Sauerstoff vor dem Erstickungstod bewahrt. *Edith Schönig*

Wir lagen mit aufgerissenen Mündern, damit uns durch die Druckwellen naher Detonationen nicht das Trommelfell platzte. Ich weiß nicht mehr, was ich in diesen Minuten dachte. Ich weiß aber gewiss, dass ich keine Angst hatte. Es war mehr ein Gefühl der Gottergebenheit und des Wartens auf ein Ende in irgendeiner Form. *Horst Lind*

Meine Mutter wollte noch mal nach oben, weil sie am Tag unsere Wäsche zum Lüften hochgebracht hatte. Aber mein Brüderchen hatte sich ganz fest an sie geklammert, die Beinchen um ihre Taille und die Ärmchen um ihren Hals. Mit ihm hätte sie die Wäsche nicht tragen können; das war unser Glück, denn meine Mutter wäre nicht mehr heruntergekommen, weil das Treppenhaus Minuten später lichterloh brannte. *Margarete Glimm*

Gegen Morgen wachte ich auf und rief nach Vati. Keine Antwort. Ich rief: „Mutti, steh' auf, wir müssen hier raus!“ Mutti konnte zwar alles hören, aber

Todeszone Woogsviertel: Teichhausstraße, Blick in Richtung Mercksplatz (oben und Mitte). Unten: Gervinusstraße, im Hintergrund das nur teilweise beschädigte Elisabethenstift.

Kirchstraße, Einmündung der Kapellstraße, Ruine des Ludwig-Georgs-Gymnasiums (oben); Mitte: Kapellstraße und Kapellplatz (seit 1955 ein Fußgängerweg).
Unten: Der Kapellplatz heute.

weder etwas sagen noch sich bewegen. Ich sah im Halbdunkel einen großen Hackklotz. Dahin schleppte ich sie und legte ihre Arme um den Klotz. Dann kletterte ich durch den Durchbruch zum Kaufhof. Hier sah ich einen offenen Lichtschacht zur Straße. Ich zog Mutti ebenfalls durch den Durchbruch und stellte sie in diesen Schacht. Sie war nicht fähig, mir zu folgen. Vom Marktplatz kamen zwei Mitarbeiter des Kaufhofs und zogen sie heraus. Nachdem Mutti wieder sprechen und sich bewegen konnte, brachten uns Soldaten mit einem Lastwagen zum Elisabethenstift. *Edith Schönig*

Meine Erinnerung beginnt damit, dass ich an der Hand meiner Mutter in großer Hast durch mehrere Kellerdurchbrüche kriechen musste. Dabei höre ich noch heute die Stimme eines Mannes: „Lassen Sie doch das Kind zurück." Ich empfand diese Äußerung als ungeheuerlich. *Karin Koch*

Etliche Zeit nach Mitternacht wagten wir uns ins Freie und sahen den Himmel über Darmstadt gespenstisch erhellt. *Erhard Hofmann*

Der Himmel über der Stadt und auch unser Garten waren taghell und rot angestrahlt von dem ungeheuren Feuer, das Darmstadt erfasst hatte.
Rosemarie Schubart

Vom Hochzeitsturm aus meldete mein Vater alle Einschläge. Sein letzter Ruf an die Einsatzzentrale in der Hügelstraße: „Die ganze Stadt brennt."
Hannelore Rimmele

Als in Geinsheim die ersten Detonationen zu hören waren, wurde ein Luftangriff auf Mainz vermutet. Erst nach der Entwarnung – alles strömte auf die Straße – sah man den Feuerschein am Himmel, und es hieß: „Das ist Darmstadt. Anscheinend brennt die ganze Stadt." *Werner Rühl*

Kapellstraße, Blick auf die Mühlstraße, rechts Spielhof des Alten Realgymnasiums. Die Gleise der Linie 2 werden 1952 in die Nieder-Ramstädter Straße verlegt – mit der Kurve, in deren Bogen 1955 das neue LGG entsteht.

„Darmstadt! Darmstadt brennt!“, sagten die Erwachsenen, und alle starrten dorthin. *Peter F. Schmuck*

Ich war in Heppenheim und sah aus achtundzwanzig Kilometer Entfernung den glutroten Himmel. *Karl-Eugen Schlapp*

Keiner wusste, was wirklich passiert war. Richtung Darmstadt war der Himmel blutrot, und der Ascheregen trieb bis nach Ernsthofen.
Karl Heinz Krummel

Ein starker Wind wehte uns entgegen, und wir dachten, es würde regnen. Es war aber Asche, die vom Himmel kam. Der Wind ging vom brennenden Darmstadt aus. Der Himmel über der Stadt war glutrot. Als es hell wurde, sahen wir, dass die Erde mit Asche bedeckt war. Angebrannte Akten von Banken, Ämtern und vom Gericht waren bis zu uns ins zwölf Kilometer entfernte Büttelborn geflogen. *Gertrud Kern*

Der Feuerschein war so intensiv, dass man ohne Mühe hätte Zeitung lesen können. *Mathilde Hartmann*

Selbst in Ober-Mossau, im tiefen Odenwald, zwangen uns die Sirenen 1944 immer wieder in den alten Rübenkeller, der als Luftschutzraum auf dem Bauernhof notdürftig hergerichtet war. So gesehen war der Alarm am späten Abend des 11. September nichts Ungewöhnliches. Wie lang wir im Keller gesessen haben, kann ich nicht mehr sagen. Ich erinnere mich nur noch an einen glutroten Nachthimmel im Nordwesten, der uns bei unserem Ausstieg aus dem Keller entgegenleuchtete. Die Erwachsenen sagten sofort: „Da brennt Darmstadt.“ Ich konnte mir das als Kind überhaupt nicht vorstellen und meinte, das rote Leuchten käme nur vom brennenden Wald, dessen Konturen vor dem roten Horizont zu sehen waren. *Heinz Kredel*

In Beerfelden haben ältere Leute erzählt, dass sie in der Nacht, als Darmstadt brannte, auf Berge gegangen sind und noch aus über sechzig Kilometer Entfernung den Feuerball gesehen haben. *anonym*

Stadtkapelle (mittleres Bild). 1954 wird die Ruine zu einem Mahnmal für die Opfer der Nazizeit und des Krieges umgebaut. 1994 kommt eine Figurengruppe des Bildhauers Thomas Duttenhoefer hinzu (unten).

Irgendwo im Nirgendwo.

Elisabethenstraße an der Kreuzung mit der Wilhelminenstraße, Blick in westliche Richtung.

Meine Mutter berichtete, ich hätte nach der Bombardierung gesagt: „Alles brennt, der ganze Himmel brennt. Jetzt kann ich nie mehr die Sterne sehen.“ *Wolf-Dieter Loos*

Und dann kam die Tatkraft. Ich rief meine Schwester, die in der Mitte eingekeilt stand, und sie hörte auf mich. Widerwillig wurde Platz gemacht, und wir erreichten den Vorkeller. Draußen im Freien sah ich zum ersten Mal das Chaos. Die Stadt brannte. Es blieb uns nur noch der Weg durch die Gärten. Während ich mich rittlings auf die glutheiße Mauer setzte, steckte Mutti noch im Keller. Gleichzeitig sah ich, wie ein verglimmender Balken den Giebel mit sich zu reißen drohte. Meine Schwester rannte los und holte in letzter Minute unsere Mutti aus dem Keller. Kaum waren die beiden bei mir, krachte die ganze Hauswand zusammen, alle anderen begrabend. Wir konnten nicht helfen, denn es regnete Funken und Phosphor; an allen Ecken und Enden brannte es. *Margret Busch*

Meine Mutter öffnete das Tor und trat hinaus. Ich sah, dass es dicke Flocken Feuer schneite (es sah aus wie Feuerschneeflocken), und es rauschte unheimlich. Solch einen starken Wind hatte ich nie zuvor gehört. Bums, flog das Tor zu und ich schrie entsetzt auf, weil ich glaubte, meine Mutter und mein Bruder würden verbrennen da draußen. *Margarete Glimm*

Inzwischen brannte meine Hose, mein Mantel fing Feuer, und die Haare am Nacken brannten ebenfalls in Folge des wie Schneeflocken niedergehenden Funkenregens. *Johannes Rohde*

Jeder hatte Angst, den trügerisch sicheren Ort zu verlassen.
Emmi Wilken

Zurück in unseren Keller, und in gewohnter Umgebung war so eine trügerische Sicherheit. *Georg Kreim*

Alle Ausgänge nach draußen verschüttet, versperrt, zusammengebrochen.
Karl Oldendorf

Die Entscheidung, den Keller zu verlassen, rettete uns allen das Leben. Später wurden in dem Keller, in dem wir ursprünglich geglaubt hatten, Schutz zu finden, 36 Leichen geborgen. *Norbert Meer*

Besondere Schwierigkeiten machte uns eine ältere, korpulente Mitbewohnerin, die wir förmlich herausziehen und herausschieben mussten. Da sahen wir, dass unser Haus zerstört und ausgebrannt war. Im Keller wären wir alle umgekommen. *Luise Schröder*

Sanitäter brachten eine halb verbrannte Nachbarin in unseren Keller. Ihr Aussehen und Wehgeschrei werde ich nie vergessen. *Inge Spalt*

Ich sehe die Babys noch vor mir, als sie bei uns in den Keller getragen wurden und dann ihr kurzes Leben verloren. *Erich Fuchs*

Ich wurde von meinen Eltern getrennt, denn es herrschte doch Panik und draußen nur Feuer, Hitze und Feuersturm, so drängten die Menschen vor und wieder zurück; Angst und Schreie machten viele kopflos. *Ilse Zwinger*

Der Luftschutzwart gab uns nasse Decken. Durch das brennende Treppenhaus und den Laden gelangten wir auf den Mathildenplatz. Hier waren schon viele Menschen, weinend, nach Angehörigen suchend, oder schweigend mit traurigen Gesichtern und starren Blicken. Und es kamen immer mehr Leute. Ich konnte nicht weinen, weil ich das ganze Ausmaß noch nicht begriff. *Elfriede Kees*

Als ich sah, dass unser Treppenhaus noch nicht brannte, stürzte ich völlig kopflos nach oben in unsere Wohnung. Vielleicht wollte ich mich einfach noch mal umblicken bei den vertrauten Gegenständen, so unmittelbar vor ihrem Untergang. *Brigitte Soeder*

Ich blickte noch einmal zurück und sah, wie aus unserem Kinderzimmer helle Flammen schlugen. Alles andere war dunkler Schutt. Und ich hatte so schöne Spielsachen! *Karl Oldendorf*

Vater kam als Letzter aus der Luke heraus. Der Anblick, der sich uns bot, war mehr als grauenhaft. Ich kannte mich einfach nicht mehr aus. Staub, Feuer und ein Sturm, der einen fast wegblies. So sah ich Mutter mit verzerrtem, verrußten Gesicht an dem zerfetzten Stamm unserer Akazie stehen; sie wollte sich daran festklammern. Eine der Wildtauben, die wir in unserem Garten hatten, flog brennend in dem Inferno herum. *Gudrun Gottstein (Tagebuch)*

Todeszone Karlstraße: Südlich der Heinrichstraße (kleines Bild).
Unten: Einmündung der Hügelstraße. An Stelle der Ruine rechts steht heute das Gasthaus „Sitte“.

Mutti hängte mir einen triefend nassen Mantel um die Schultern, damit ich vor den Flammen geschützt sei. Mich drückte die schwere Last fast zu Boden und ich warf den Mantel ab. *Hilde Carpentier*

Die andere Frau aus unserem Haus sagte, „ich habe einen Schuh verloren, was soll ich denn machen?“ Ich antwortete ihr noch: „Binden Sie sich doch ein Handtuch drum.“ *Emmi Wilken*

Nachdem es etwas ruhiger geworden war, ging mein Vater die Kellertreppe hinauf, um die Lage zu inspizieren. Er kam sofort wieder nach unten und sagte: „Wir müssen hier raus!“ Aber wohin? Zur Heinrichstraße konnten wir nicht, denn in unserem Hof brannten auf der einen Seite zirka 1500 Kubikmeter Brückenbauholz, auf der anderen Seite brannte ein Schuppen mit mehreren Tonnen Anthrazitkohlen, und weiter vorn waren einige tausend Liter Benzin der behördeneigenen Tankstelle in die Luft geflogen. *Günter Wiemer*

Der Mann dieser Frau, die den Schuh verloren hatte, fragte mich, ob ich sie gesehen hätte. Ich sagte ihm, „ja, in der Torhalle.“ Mein Vater ging sofort mit ihm hin. Doch das Haus war eingestürzt und hatte alle Menschen unter sich begraben. *Emmi Wilken*

Die alten Lindenbäume an der Eberstädter Chaussee bogen sich im Feuersturm. Den Anblick vergesse ich mein Leben lang nicht, als ich mich umdrehte und die brennende Stadt sah. *Dieter Alexander Stier*

Wie es aussieht, war ich die Letzte, die aus dieser Hölle entkommen ist. Es erscheint mir heute noch wie ein Wunder. Auch die junge Frau aus Fulda ist umgekommen. Ihre Angehörigen kamen später öfter zu mir und wollten hören, wie alles war und auch, warum ich sie nicht mit herausgenommen hätte. Ich machte mir ja selbst Vorwürfe. *Emmi Wilken*

In der unteren Hochstraße lief ich etwa zehn bis fünfzehn Meter vor meinen Eltern. Ich stürzte, rappelte mich jedoch sogleich wieder auf, denn es war unglaublich heiß, und ständig fielen brennende Trümmer von den Häusern. Hier hörte ich meine Mutter zum letzten Mal „Günter“ rufen. Meine Eltern kamen nicht nach, und ich konnte nicht mehr zurück. Vermutlich war das der Zeitpunkt, an dem ich Vollwaise wurde. *Günter Wiemer*

Roßdörfer Straße, Ecke Gervinusstraße (ganz oben); Roßdörfer Straße, Ecke Inselstraße, Blick zur Soderstraße (oben); Nieder-Ramstädter Straße (links), hinten ist der Roßdörfer Platz zu erkennen.

Blick aus der Teichhausstraße auf den Roßdörfer Platz. Nach links geht es zum Alten Friedhof.

Bei meinem Versuch, einen Ausweg aus der brennenden Hölle zu finden, verlor meine liebe Frau schließlich die Nerven. In der Schützenstraße rannte sie, ohne auf mein Rufen zu hören, planlos davon, Richtung Hügelstraße, und war in Feuer und Rauch verschwunden. *Johannes Rohde*

Die Tanten entschieden sich für die entgegengesetzte Richtung, zur Heinrichstraße. Was dann geschah, bleibt unaufgeklärt. Von unseren Tanten wurde nie wieder etwas gehört. *Erhard Hofmann*

Ob die Feuerwalze mich umwarf oder ob ich über Trümmer stürzte, weiß ich nicht mehr. Jedenfalls stürzte ich zu Boden. Mein Köfferchen flog etwa zwanzig Meter weit. Ich stand auf und wollte es holen, dachte aber: Lass' es lieber. Weil auch Phosphorbomben abgeworfen worden waren, brannte selbst der Asphalt. Ein starker Sog schleuderte mich an die brennende Steinmauer des Gymnasiums. Ich spürte ein Prickeln an Hand und Bein, wie Nadelstiche, und ich fiel zum zweiten Mal. *Ruth Pschera*

Vorbei ging die Rennerei an eingestürzten Villen, aus denen Hilfeschreie zu hören waren. *Horst Anacker*

Man hörte Schreie von Eingeschlossenen und Brennenden, welche sich nicht mehr retten konnten. Dies vergisst man zeitlebens nicht, so furchtbar war das. *Hilde Carpentier*

Durch die Aufregungen waren meine Wehen wie weggeblasen. Als die ersten Schwerverletzten und verbrannten Menschen in den Keller des Marienhospitals, der als OP hergerichtet war, kamen, stand für mich fest, dass ich in diesem Chaos, in diesem Blutbad mein Kind nicht bekommen konnte.

Margarethe Steiger

Kreuzung von Nieder-Ramstädter Straße (vorn) und Heinrichstraße, Blick nach Osten.

Elisabethenstraße, beim heutigen Spielwarengeschäft „Faix", 1945 (oben). Derselbe Blick, 1950 (Mitte). Unten: Ludwigsplatz, Blick zur Schulstraße, 1945.

Wir liefen schnell vom Feuersturm weg und landeten im Keller der SS, Eugen-Bracht-Weg, wo sich die gesamte Nachbarschaft hingerettet hatte. Der Keller und auch das Haus waren unversehrt. Dort saß ganz geknickt Paul Zoll, Leiter der Jugendmusikschule, ein begabter Komponist. Er trauerte seinem Lebenswerk nach und seinem Flügel. *Gudrun Gottstein (Tagebuch)*

„Gott strafe England!" hallte es schauerlich über den Platz. *Peter Assmus*

„Das haben wir alles diesem Verbrecher in Berlin zu verdanken", schrie mein Vater voller Verzweiflung. *Karl Oldendorf*

Die Trümmer waren so heiß, dass ich nicht länger stehen bleiben konnte. Und so schlug ich mich irgendwie zum Bismarckbrunnen durch. Im Bismarckbrunnen lagen tote Menschen. Leute standen auf dem Platz herum. Auf meine Bitte, meiner Mutter aus dem Keller zu helfen, hatten sie „keine Zeit".
Edith Schönig

Im Bismarckbrunnen überlebten acht von sechsundfünfzig Personen, darunter drei Buchhändler: Frau Annerose Wichmann-Wagner (Buchhandlung Wagner in der Elisabethenstraße) mit ihrem Baby Hardo und mein Vorgänger Julius Grenzmann. *Karl-Eugen Schlapp*

Zusammengekauert lagen wir an der Nordseite des Brunnens, also in nächster Nähe zum Haus Nitzsche und damit im Sog des Feuersturms der Ernst-Ludwig-Straße. Der Sturm ließ einen Funkenregen auf uns niedergehen, angereichert mit Phosphorteilen, die sich tief in die Haut einbrannten.

Annerose Wichmann-Wagner

Die Stunden auf dem Marienplatz waren furchtbar. Wie in einem ganz dichten Schneegestöber, so saßen wir in dem rasenden Sturm des sengenden Funkenregens. Die Augen tränten und brannten. Zum Glück hatten wir Schutzbrillen, sonst wäre es uns noch schlechter ergangen. Aber die Rettung war doch der Wasserbehälter, denn ohne ihn wären wir wohl alle noch im Freien verbrannt. *M.*

Unvergesslich bleibt mir der Lärm, der von der brennenden Stadt ausging. Es war ein gleichmäßiges und unbarmherziges Rauschen und Tosen, vielleicht einem kräftigen Wasserfall vergleichbar, und ab und zu von einem Knall oder Gepolter unterbrochen. Ein starker Luftzug war zu spüren. Die Erwachsenen sprachen von Sog. *Rosemarie Schubart*

Blick vom Bismarckdenkmal Richtung „Faix“, 1945 (oben). Bismarckdenkmal, Blick in die Ernst-Ludwig-Straße, 1945 (unten links); Bismarckdenkmal und Ostseite des Ludwigsplatzes, 1949 (unten rechts).

Die Erinnerung daran wird jederzeit wach, sobald ich einem größeren Holzfeuer begegne. Schaurig war der Eindruck von zahlreichen vorüberhastenden Menschen, die ich heute nur als schwarze Silhouette vor mir sehe.

Horst Anacker

Die Splitter der immer noch explodierenden Granaten aus den Munitionslastwagen flogen bis in den Hof. Sie waren so rasant, dass sie die eisernen Garagentore durchschlugen, wie man jahrelang dort noch sah.

Helmut Dunstädter

Als der Angriff fertig war, weinte ich und wollte vor Angst nicht aus dem Keller. Unsere Schäden waren im Gegensatz zu den Leuten, die alles verloren hatten, klein: Die Eingangstür hing verkehrt herum, sämtliche Scheiben waren kaputt, und das Wohnzimmer war voller Asche, weil der Kachelofen aufgeflogen war. Meine Großmutter, die bei ihrer Tochter ausgebombt worden war, machte sich gleich nach dem Angriff auf den Weg, um nach uns zu sehen. Sie kam weinend mit einem Stück Schokolade in der Hand bei uns an, aber froh, uns gesund zu sehen. *Helga Hansmann*

Neckarstraße, nach 1945 (kleines Bild). Unten: Blick aus der Schulstraße auf die Kirchstraße, dahinter die Trümmer des Alten Realgymnasiums, der Stadtbibliothek (links) und des Pädagogs – dessen Turm noch vierzig Jahre lang so stehen bleibt.

Mit den geretteten Menschen, in unserem Haus gab es keine Todesopfer, saßen wir an der Schlossmauer, als unser Vater zufällig in diesem Moment als Verwundeter aus dem Krieg kam. Als er uns sah, warf er sein Gepäck weg und war glücklich, uns unversehrt gefunden zu haben. *Walter Krämer*

Und in diese geisterhafte Stille drang auf einmal die Stimme meines Vaters: „Ilse!“ Er zog mich aus dem Bismarckbrunnen (ich wunderte mich, dass am Rand so viele schlafend saßen. Aber die waren alle tot). *Ilse Finkenwirth*

Meine Erinnerung ist, dass wir auf der Erde lagen, ständig nasse Tücher vor den Mund bekamen, und es fürchterlich nach verbranntem Fleisch roch. Ich werde niemals vergessen, wie mein Bruder uns die Nachricht brachte, dass unsere liebe Oma, die immer nur Gutes tat, tot ist. Sie wollte sich durch das Kellerfenster befreien und verbrannte durch Holzbalken, die auf sie fielen, bei lebendigem Leib. *Katharina Schoeneweiß*

Da sagte eine Frau zu mir: „Sie brennen ja auf dem Kopf." Ich griff nach oben und drückte die Flammen aus, die ich mit meinen Händen deutlich spürte. Plötzlich sah ich aus der wabernden Lohe eine Gestalt auf mich zukommen und rief: „Mama, Mama!" Aber es war nicht meine Mutter. *Ruth Pschera*

Ich fror erbärmlich und meine Augen brannten wie Feuer. Mir war das ganze Leben so egal. *Irmgard Krievins*

Ich glaube, ich bin nahe am Wahnsinn vorbeigekommen.
Hella Darmstadt

In solcher Qual vergingen die Viertelstunden; von jedem Atemzug glaubte man, dass es der letzte gewesen sei. *M.*

Durch die brennende Beckstraße, ständig in Gefahr. Können aber nur feststellen, dass das Haus abgebrannt ist. Von den Bewohnern keine Spur. Das Gleiche in der Roßdörfer Straße: nur brennende, einstürzende Häuser, kein menschliches Wesen. Weiter durch die Heinrichstraße, dem Tierbrunnen zu. Niemand ist zu sehen. Überall das gleiche Bild: nur brennende Häuser.
Wilhelm Schmall

Wir standen am Eingang der Wilhelminenstraße vor einer Feuerwand und konnten uns nicht vorstellen, wie auch nur ein Mensch in diesem Inferno überlebt haben könnte. *Brigitte Soeder*

Jetzt das Unfassbare, das mich bis heute verfolgt: In der Wiener Straße saßen auf einer Treppe zwei brennende Kinder. Sie waren tot; ich kannte sie, es war so entsetzlich. *Mechtild Krapp*

Am Mercksplatz kamen die Menschen aus den brennenden und zerstörten Häusern. Manche völlig apathisch, manche weinten und schrieen. Es waren furchtbare Szenen, die sich hier abspielten. *Günter Wiemer*

Ecke Nieder-Ramstädter Straße und Heinrichstraße, 1945 und heute. Das Grundstück wurde enttrümmert, aber nicht mehr bebaut – hinter Plakatwänden ist, wie noch an so vielen Stellen in der Stadt, eine Brache. Rechts davon liegt die Apfelweinschenke Heist.

Ein Panorama des Schreckens. Die Luftaufnahme der US Air Force vom 18. April 1945 zeigt die östlichen Wohnviertel und im Hintergrund die Innenstadt. Links verläuft die Heinrichstraße; an der Ecke Inselstraße ist das einzige unzerstörte Haus zu erkennen. Rechts davon die Kiesstraße und die Roßdörfer Straße. Auch zum Woog hin nichts als ausgebrannte Hausskelette. Im Hintergrund rechts ist ein zweites unzerstörtes Gebäude zu sehen, der große Postblock an der Teichhausstraße. Er blieb stehen, weil das Flachdach aus Beton die Brandbomben abwehrte. Die weniger stark getroffenen Gebiete wie Martinsviertel, Johannesviertel und Bessungen mit eingerechnet, beträgt der Zerstörungsgrad Darmstadts 78 Prozent.

Mitten auf dem Platz lag der aufgeblähte schwarze Körper eines Mannes, und aus einem Kellerfenster ragten zwei verbrannte Oberkörper auf den Gehsteig. Ein Weiterkommen durch die rauchenden Schuttberge war nicht möglich. So kehrten wir um. *Horst Lind*

Obere Wilhelminenstraße.

In Erinnerung bleibt mir auch der junge Mann in Arbeitsdienstuniform mit Tornister auf dem Rücken, welcher im Laufschritt von einer Luftmine getötet worden ist. Schicksal, gerade in dieser Nacht auf Heimaturlaub zu kommen. *Hilde Carpentier*

Im Herdweg lag eine Frau und gebar ein Kind. Auf ihren Beinen brannte Phosphor in grünem und blauen Licht. Es war ein furchtbarer Anblick. *anonym*

Auf dem langen Platz vor der Ludwigskirche war ein großer Löschwasserteich. Am Rand lag ein offenbar frisch geborenes Kind, tot. Daneben seine Mutter, ebenfalls tot. Beide noch durch die Nabelschnur verbunden. *Helmut Dunstädter*

Einige Zeit danach brachen wir drei auf. Wir mussten unsere Mutti führen, denn die Flugasche und der Ruß, der zäh an uns klebte, und nicht zuletzt die innere Erregung hatten sie fast erblinden lassen. Den günstigsten Weg suchend und immer wieder noch glühenden Drähten und brennenden Giebeln ausweichend, erreichten wir den Alten Friedhof. Dort legten wir eine Verschnaufpause ein. *Margret Busch*

Herdweg, Einmündung auf die Karlstraße.

Von etwa dreiviertel eins bis halb sieben morgens waren wir in der Anlage an der Nieder-Ramstädter Straße. Die brennende Stadt war nach und nach dunkler geworden und verbarg noch das Bild der Zerstörung. *Karoline Eifert*

Zu guter Letzt befreite ich einen Hengst unter Straßenbahndrähten. Dicht aneinander im schrecklichen Feuersturm trotteten wir dann am Schloss vorbei zum Herrngarten. Alle Aufgeregtheiten hatte ich bald im Griff. Mein Dienstgrad war Rittmeister. *Emilio Schulz*

Ein Pferd fürchtet nichts mehr als das Feuer. Ich dachte dabei an die apokalyptischen Reiter. *Erich Luckhaupt*

Auf der Westseite der Nieder-Ramstädter Straße irrte eine verstörte Kuh (die Kuh vom Bauer Krauss) durchs Gelände. Meine Oma versuchte, die Kuh zu melken (sie war vom Land), damit ich etwas zu essen bekäme, aber die Kuh war schon von jemand anderem gemolken worden. *Wolf-Dieter Loos*

Auf den Bahngleisen fand meine Mutter einen Schäferhund mit einer dicken Kette, die er in seiner Angst durchgerissen hatte und nun hinter sich herzog. *Rosemarie Schubart*

Irgendjemand schickte uns dann in den Herrngarten. Plötzlich fing eine Orgel an zu spielen. Jemand sagte, der Turm von St. Elisabeth sei eingestürzt,

Garten des Neuen Palais' – Fluchtort für die Überlebenden aus der Mollerstadt. Heute steht hier das Staatstheater. Im Hintergrund ist der Marienplatz zu erkennen, der östlich der Neckarstraße lag. Vorn Eingänge zu einem Tiefbunker.

und die Trümmer seien auf die Orgel gefallen und hätten die Töne ausgelöst. *Elfriede Kees*

Wir versuchten, durch das Inferno in die Beckstraße zu kommen, aber Geröll und große Hitze ließen das nicht zu. Wir dachten noch, eigentlich kann es ja nicht überall brennen. Ich musste unterwegs meinen Beutel mit Büchern aus der Leihbücherei wegwerfen, weil er hinderlich war. Ich hatte ihn in den Keller mitgenommen, um die Bücher zurückzubringen. Da meinte Mutter, die Bücherei brenne bestimmt auch. So war es. *Edith Schmid*

Als die ersten Feuerwehren kamen, zog ein großer Teil mit mir zur Kaserne. Links die schöne Hamburgerin, rechts der Hengst, die beide zwei Tage blieben. *Emilio Schulz*

In der Heidelberger Straße standen die Feuerwehrautos in langer Schlange, machtlos gegen den Feuersturm. *Günter Wiemer*

In einem brüllenden Inferno tobten sich die entfesselten Elemente aus. Diese schlimmen Eindrücke und Erlebnisse haben mich jahrelang verfolgt.
Dieter Alexander Stier

Die Zerstörung reicht bis zum östlichen Stadtrand. Blick nach Norden in die Heidenreichstraße, an der Kreuzung mit der Heinrichstraße.

Kletterpartie auf dem Barockbau des Schlosses, dessen Schieferdächer zum Teil erhalten blieben. Rechts der Glockenbau, der 1951 wiederaufgebaut wird. Im Hintergrund Schlossgraben und Alexanderstraße mit den Ruinen der Diefenbachschen Likörfabrik (heute Universitätsverwaltung).

Der Tag danach

Gegen Morgen wurde es ruhiger, das Feuer ließ nach und Feuerwehrwagen konnten auf den Platz fahren. Es war kalt geworden, und Frauen mit sehr kleinen Kindern durften sich in den Feuerwehrwagen setzen und sich aufwärmen. Da saßen wir nun in dem voll besetzten Wagen, alles Frauen mit Babys, und keine einzige hatte mehr Besitz als das, was sie auf dem Leibe trug. Niemand sprach ein Wort, jeder war mit seinen Gedanken beschäftigt, und leise kamen die Tränen. Eine Frau wischte sich die Tränen mit einem Taschentuch ab, und dieses Taschentuch wurde von Frau zu Frau weitergereicht.

Hilde Krauth

Morgens um sechs Uhr öffnet ein Soldat die Bunkertür. Wir krabbeln über Leichen (die verkrusteten blutigen Strümpfe hatte ich noch zwei Tage später an), suchen die Großeltern. Wir rannten in der Kiesstraße, noch brennende Häuser, Hilferufe aus Kellern, Klopfzeichen und verkohlte Leichen.

Hannelore Siefert-Berg

Als ich den Keller geöffnet hatte, fand ich in den Stahlregalen geschmolzene Glasflaschen und Gläser. Diese Gläser waren in sich zusammengesackt, und man konnte gut sehen, dass das Glas damals eine zäh fließende Masse geworden war. Glas schmilzt bei 1300 Grad Celsius. In dem Keller fand ich zum Glück nur diese geschmolzenen Gläser.

Gottfried Drott

Im Herbst 1943 hatte es eine reiche Obsternte gegeben und, zum Einmachen dieses Segens, eine Sonderzuteilung Zucker. Wer konnte, hatte das genutzt. Und nun roch es aus den verschütteten Kellern nach einem Gemisch von gegorenem Eingemachten und Leichen – das kann ich nicht vergessen.

Gerolf Steiner

In der Heinrichstraße 60 angekommen, bot sich mir ein ganz schlimmes Bild. Im Hof lagen viele Tote, wahrscheinlich alles Bekannte aus der Nachbarschaft, die aber nicht mehr zu erkennen waren.

Günter Wiemer

Die unwirkliche Stadt: Adelungstraße, Blick zur Wilhelminenstraße (oben); Luisenstraße (unten).

Terrorangriffen fielen zum Opfer:

Pg. Heinrich Greiner, 59 Jahre, am 11. 9. 1944 in Darmstadt. Die trauernden Hinterblieb:. Fam. Emich, Greiner, Wetzel u. Stroh.

Peter Müller, geb. 22. 5. 1880, am 12. 12. 1944. Im Namen d. Hinterbliebenen: Frau Elise Müller, geb. Storck; und alle Angeh. Reinheim/O., Ad.-Hitler-Str. 31.

Georg Bischoff, geb. 9. 7. 1899, am 12. 12. 1944. Frau Margarete Bischoff, geb. Wolf, und Kinder Ria und Elli; und alle Angeh. Reinheim, Horst-Wessel-Str 73.

Frau Else Kaffenberger, geborene Schüßler, geb. 4. 11. 1920, am 12. 12. 1944. Wilh. Kaffenberger, Steinbach/Odw.; Christ. Schüßler und Frau, Darmstadt, Bessunger Straße 41.

Maria Magdalene genannt Helene List, geb. Vowinckel, im fast vollendeten 91. Lebensjahre am 2. 1. 1945. Im Namen d. Familie: Prof. Dr. Friedrich List, z. Z. Da.-Arheilgen, Jahnstraße 17.

Marie Frick, geb. Steinmetz, geb. 14. 3. 1908, in Gießen. Ernst Frick, Gießen; Frau Marie Steinmetz, geb. Höhl; nebst allen Angeh. Pfungstadt, Baumgartenstr. 8.

Frau Marg. Schumann, 72 Jahre, am 11./12. 9. 1944. Darmstadt, Sandstr. 24. Dr. A. Schumann, Studienrat, und Familie. Bensheim, Kirchbergstraße 28.

Ernst König im Alter von 48 Jahren am 12. 12. 1944. Die trauernden Hinterbliebenen: Elisabeth König; Söhne Hermann, Robert u. Richard; nebst Angehörigen. Darmstadt, Friedberger Str. 10.

Henny Wörlein, geb. Graf, geb. 22. 3. 1912, **Emeliese Wörlein,** geb. 19. 3. 1932, **Christa Wörlein,** geb. 12. 12. 1933, **Hans Wörlein,** geb. 21. 9. 1936, **Horst Wörlein,** geb. 24. 2. 1941, **Ursula Wörlein,** geb. 21. 4. 1942, am 11. 9. 1944. Darmstadt, Grafenstr. 13. Obergefr. Johann Wörlein, z. Z. im Felde; Fam. Graf, Ober-Roden; und alle Angehörigen.

Anna Schaub, kaufm. Angestellte, 41 Jahre, am 11./12. 9. 1944. Darmstadt, Nieder-Ramstädter Straße 14. In tiefer Trauer: Schutzp.-Insp. a. D. Johannes Schaub u. Frau Lina, geb. Schäfer, z. Z. Erbach i. Odw., Jahnstraße 6; Verw.-Obergefr. Hermann Schaub, z. Z. im Felde, und Frau Marie, geb. Blum.

Ausweis für Fliegergeschädigte
(Berechtigt nicht zum bevorzugten Einkauf)

Zuname: Traser Vorname: Eva, geb. Wagner
geb. am: 17. Jan. 1919 in: Darmstadt
sowie Ehefrau: geb. am:
(auch Mädchenname)
und 1 Kinder; sowie — sonstige Angehörige
bisherige Wohnung: Weinbergstr. Straße Nr. 15
sind — teil- total — fliegergeschädigt.
(Nichtzutreffendes durchstreichen)
Alle Behörden und Parteidienststellen werden um weitestgehende Unterstützung gebeten.
Darmstadt, den 15. 9. 1944
Gültig für 4 Wochen
ab Ausstellungstag.
Ortsgruppenleiter

Todesanzeigen dieser Art erscheinen nach dem Angriff noch ein halbes Jahr lang in der Zeitung (ganz oben). Auf der Rückseite ihres „Ausweises für Fliegergeschädigte" notiert Eva Traser, was sie dafür zugeteilt bekam: am 29. September 1944 Wollkleid, Wollhose, Trainingsanzug fürs Kind, im Oktober einen Damenhut, im November wollene Unterwäsche und zwei Wochen vor Kriegsende noch vier Meter Gardinenstoff.

Ecke Nieder-Ramstädter und Heinrichstraße habe ich da, als elfjähriges Mädchen, die ersten verkohlten Leichen gesehen. Ich dachte im ersten Moment, es sei ein Baumstamm. Eine Mutter war dem Wahnsinn nahe über den Anblick ihres verkohlten Kindes. *Edith Schmid*

Der Tag begann schwefelgelb. Wir versuchten noch einmal, irgendjemanden von unseren Hausbewohnern aufzufinden, aber auch jetzt kamen wir nicht an den Keller heran. Es war noch viel zu heiß, und hier und da brannte es noch. Nur meine Mappe, die mir der Sog aus den Händen gerissen hatte, fand ich klein und zusammengeschrumpft wieder, und drinnen lagen noch, zwar etwas angesengt, aber sonst unversehrt, mein Ausweis, das Sparbuch und die übrigen Papiere. *Margret Busch*

Obwohl die Sonne schien, lag eine dicke Wolke aus Dunst und Rauch über der Stadt, nur die brennenden Häuser gaben etwas Sicht. Tote Menschen und Pferde lagen herum. Viele suchten mit ihrem verbrannten Gesicht eine Rettungsstelle vom Roten Kreuz. *Mathilde Hartmann*

Ein Erlebnis wird mir persönlich immer gegenwärtig bleiben. Ich musste, weil ich der Kleinste war, durch eine enge Kelleröffnung in einen Luftschutzraum, um festzustellen, ob es Überlebende gab. Leider musste ich im Schein einer schwachen Taschenlampe und durch Berührung feststellen, dass alle tot waren. In den Keller musste ich auf Anweisung eines HJ-Führers.

Walter Krämer

Dort fanden wir meinen Bruder Fritz, in der relativ gut erhaltenen Waschküche. Er lag in einer Bütte. Er hatte seine Uniform an und sich mit der Dienstpistole erschossen. Da auch das Nachbarhaus zusammengestürzt war – kein Fluchtweg mehr – hatte er mit 18 Jahren den Freitod gewählt.

Peter Bein

In der Bessunger Knabenschule und auch in anderen Teilen der Stadt waren dann Sammelstellen eingerichtet, die belegte Brote austeilten.

Lieselotte Suchland

Am Hallenbad standen ein paar Tische von Rettungsmannschaften, die warme Suppe austeilten. Die sagten mir, ich solle ins Elisabethenstift gehen und meine Augen behandeln lassen. Das tat ich dann auch und kam nach mehreren Stunden an die Reihe. Die Behandlung brachte nicht gleich den Erfolg; ich bekam eine Pritsche zugewiesen. Zuvor gab's einen tollen Eintopf mit viel Fleisch. Am nächsten Morgen sah ich mich das erste Mal im Spiegel: Augenbrauen abgesengt, Haare verklebt – doch ich konnte sehen!

Georg Kreim

Am Straßenrand lagen Leichen, darunter meine Freundin aus dem Nachbarhaus. Ich war sehr traurig, als ich sie da liegen sah, überlegte aber einen Augenblick, ob ich mir vielleicht den schönen Kamm, der in ihren Haaren steckte, nehmen könnte. *Karin Koch*

An der Hand meiner Großmutter ging ich immer weiter Richtung Stadt. Durch die Nieder-Ramstädter Straße, die Teichhausstraße, zum Alten Meßplatz. Hier saßen Hunderte Menschen. Verletzt, blutend, mit Brandwunden. Überall waren Rauch und Trümmer. Ein Anblick, den ich bis heute nicht vergessen habe. Noch viele Jahre danach konnte ich diesen Platz nicht überqueren. Ich bekam Panikattacken, wenn ich nur in die Nähe kam. Damals war ich wie erstarrt. Ich lief neben meiner Großmutter, ich weinte nicht, ich hielt nur immer ihre Hand ganz fest. *Karl Heinz Krummel*

Plötzlich näherte sich eine Frau und rief allen Ernstes: „Beruhigen Sie sich doch, der Führer wird alles viel schöner wieder aufbauen!“

Reinhold Carl Gengenbach

Am nächsten Morgen wurden wir nach Griesheim gebracht und gingen in einen Brauereikeller, mehrere Stockwerke tief. Dort saßen Zwangsarbeiter aus Russland, die auf dem Exerzierplatz in Baracken untergebracht gewesen und dort mit Phosphor bombardiert worden waren. Ein Bild geht mir nicht mehr aus dem Sinn. Eine Person hatte die eine Hand dick verbunden und hielt sie auf der anderen Hand wie ein Päckchen, ganz vorsichtig, und wimmerte unentwegt vor sich hin, sie musste wahnsinnige Schmerzen gehabt haben.

Margarete Glimm

Ich fand Annemarie in der Wilhelminenstraße, aber tot. Sie hatte ihren Reitanzug an und eine Gasmaske vorm Gesicht. Ihre Augen waren aus den Höhlen hervorgequollen. Ein grausiger Anblick, der einem im Gedächtnis bleibt. Sie ist wohl durch eine Luftmine umgekommen. *Hilde Carpentier*

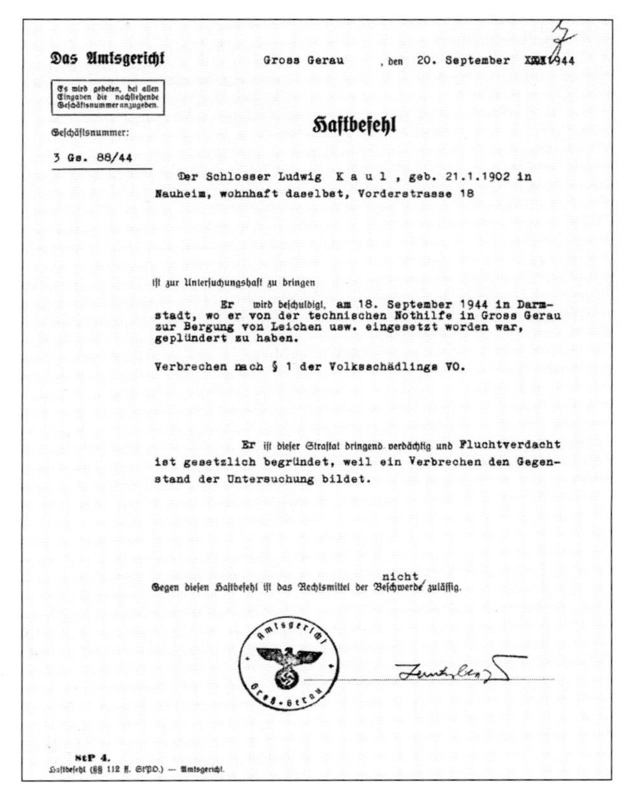

Das Amtsgericht   Gross Gerau, den 20. September 1944

Es wird gebeten, bei allen Eingaben die nachstehende Geschäftsnummer anzugeben.

Geschäftsnummer:
3 Gs. 88/44

Haftbefehl

Der Schlosser Ludwig K a u l , geb. 21.1.1902 in Nauheim, wohnhaft daselbst, Vorderstrasse 18

ist zur Untersuchungshaft zu bringen

Er wird beschuldigt, am 18. September 1944 in Darmstadt, wo er von der technischen Nothilfe in Gross Gerau zur Bergung von Leichen usw. eingesetzt worden war, geplündert zu haben.

Verbrechen nach § 1 der Volksschädlings VO.

Er ist dieser Straftat dringend verdächtig und Fluchtverdacht ist gesetzlich begründet, weil ein Verbrechen den Gegenstand der Untersuchung bildet.

Gegen diesen Haftbefehl ist das Rechtsmittel der Beschwerde nicht zulässig.

StP 4.
Haftbefehl (§§ 112 ff. StPO.) — Amtsgericht.

Menschen zu verfolgen – dafür hat die NSDAP-Bürokratie auch im Chaos der letzten Kriegsmonate Zeit (oben). Nach dem Krieg wird aufgeräumt – Ruinenabbruch in der Soderstraße (unten).

Der Brandgeruch war fürchterlich, das vergisst man nie. Später erzählten uns die Menschen, dass viele Darmstädter in den Kellern verbrannt oder sogar verkocht seien. Ein Mann erzählte uns, dass er seine Angehörigen, nachdem er den Keller geöffnet hatte, im Wasser verkocht schwimmend vorfand, auf dem Wasser schwamm eine dicke Fettschicht, und die Leute erkannte man nur noch an ihren Ringen und Zähnen. Die Menschen hatten, als ihnen die Hitze immer mehr zu schaffen machte, mit der Notfallaxt die Wasserrohre geöffnet, in dem Glauben, das Wasser würde Kühlung bringen, doch heraus kam kochendes Wasser, ein Entrinnen gab es dann nicht mehr, die Kellertüren waren von außen mit Hausschutt blockiert. Das heißt, auch wenn es schockierend ist, heute so etwas zu hören, die Menschen wurden lebendig gekocht. *Gottfried Drott*

Den Ertrunkenen, halb verbrühten, schrecklich verkrampften Opfern fehlten bis zur Hälfte die Fingerkuppen. Noch im Todeskampf, beim verzweifelten Versuch, das Mauerwerk mit bloßen Händen aufzukratzen, buchstäblich abgeschliffen. *Arndt Ebel*

In einigen Straßenzügen, ich denke dabei an die untere Hochstraße und den schmalen Teil der Hölgesstraße, lagen viele der verbrannten und in der Gluthitze zusammengeschrumpften Leichen einige Tage lang, bis sie auf offenen Lastwagen zum Waldfriedhof gefahren und dort in Massengräbern beigesetzt wurden. *Brigitte Soeder*

Vom Hauptbahnhof musste ich also zum Ostbahnhof laufen, die Rheinstraße stadteinwärts. Es ist kaum zu beschreiben, was ich dort sah. Nur noch Trümmer; die Leichen – zum Teil verkohlt – lagen rechts und links, Menschen suchten nach ihren Angehörigen und Bekannten. Es war furchtbar. *Elisabeth Ohlenforst*

Als ich am Marstall vorbeikam und in die Höhe blickte, schauten dort zwischen den vergitterten Fenstern Pferdeköpfe heraus. Da hier der Weg ver-

Hölgesstraße, Blick zur Runden Kirche (kleines Foto). Unten: Blick von der Hügelstraße die Wilhelminenstraße hinab. An Stelle der Ruinen rechts steht heute der Komplex „Wilhelminenpassage".

Luisenstraße, von der Elisabethenstraße her gesehen. Links befindet sich heute das Karstadtkaufhaus.

sperrt war, musste ich zurück und sah, dass nur noch die Außenwand des Gebäudes stehen geblieben war und der Rumpf der Pferde völlig verbrannt an den Fenstern hing. *Ernst Hieronymus*

In den verschiedensten Stellungen lagen die Toten verkrümmt umher. Viele hatten eine weißliche Farbe und schienen rötlich marmoriert zu sein. Andere waren auf einen Meter oder etwas mehr zusammengeschrumpft und bestanden wahrscheinlich nur noch aus Asche, die auseinander gefallen wäre, hätte man sie berührt. Ich hob mein Rad sorgfältig über sie hinweg.

Heinz-Albrecht Caspar

Im ausgebrannten Kaufhaus Henschel und Ropertz lagen die Leichen ordentlich in Reihen. *Karin Koch*

In der Nähe des Luisenplatzes lagen viele Tote auf der Straße und Männer haben ihnen die goldenen Ringe von den Fingern gerissen. Jemand schrie: „Leichenfledderer!", es hat sich aber niemand darum gekümmert.

Gerd von Hoff

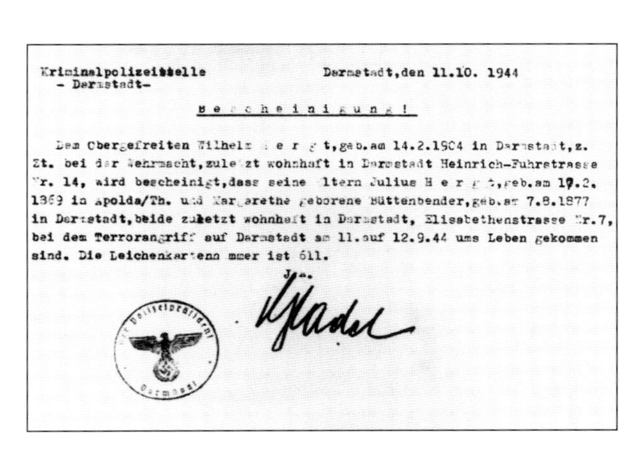

Kriminalpolizeistelle Darmstadt,den 11.10. 1944
- Darmstadt-

B e s c h e i n i g u n g !

Dem Obergefreiten Wilhelm H e r [illegible] t,geb.am 14.2.1904 in Darmstadt,z. Zt. bei der Wehrmacht,zuletzt wohnhaft in Darmstadt Heinrich-Fuhrstrasse Nr. 14, wird bescheinigt,dass seine Eltern Julius H e r [illegible] t,geb.am 1[illegible].2. 1869 in Apolda/Th. und Margarethe geborene Büttenbender,geb.am 7.8.1877 in Darmstadt,beide zuletzt wohnhaft in Darmstadt, Elisabethenstrasse Nr.7, bei dem Terrorangriff auf Darmstadt am 11.auf 12.9.44 ums Leben gekommen sind. Die Leichenkartennummer ist 611.

J.A.

Die Leichennummer ist 611.

Ich kann mich noch gut daran erinnern, dass in der Adelungstraße und in der Grafenstraße – dort waren die Bürgersteige bereits asphaltiert gewesen – die Schuhabdrücke der Menschen zu sehen waren, die in der Brandnacht zu flüchten versucht hatten. Erzählt wurde, und ich glaube das, dass viele Menschen in dem weichen Asphalt kleben blieben und jämmerlich verbrannten; man fand Mumien, die so klein waren wie Kinder. Wer die Schuhe verlor im klebenden kochend heißen Asphalt, der war auch geliefert. Viele Menschen hatten einen sehr schlimmen Tod zu erleiden. *Gottfried Drott*

So war also unter den verkohlten menschlichen Überresten nicht auszumachen, wer davon meine so innig geliebte Mama war. *Edith Kloos*

Es war so grauenvoll, dass Mama einen Herzanfall bekam und nicht mehr weiterkonnte. *Alma Levigion*

Aus dem Fotoalbum – Erinnerungen an die Welt davor.

Erschütternd war, dass durch die große Hitze die Kastanien wieder anfingen zu blühen. *Lotte Fechner*

Unvergesslich ist mir der Anblick eines Hauses Ecke Liebig- und Pallaswiesenstraße. Man sah den Rest eines Zimmers. Der Boden neigte sich leicht zur Abbruchstelle hin, ein Bett stand dicht an der Wand, drohte jeden Augenblick abzustürzen. Dieser Anblick hat mich sehr erschüttert, denn das Bett war bis dahin für mich der Inbegriff der Geborgenheit gewesen. *Rosemarie Schubart*

Ich traf dann noch in der Nähe unseres Hauses einen Jungen, den ich vom Jungvolk kannte und der zu mir sagte: „Weißt du, eigentlich bin ich ganz froh, dass all der alte Kram weg ist.“ Später habe ich noch oft gehört, dass manche Menschen den Verlust ihrer Habe als Befreiung von ihrer Bindung an materielle Güter, als Befreiung zum Geistigen erlebt haben. Ob dieser Junge es so gemeint hatte, weiß ich nicht. *Heinz-Albrecht Caspar*

Meine Mutter hatte lediglich ein abgeschlagenes Bett und einen Nähtisch aus dem brennenden Haus retten können. *Werner Rühl*

Ein Laubfrosch, ein Wellensittich und die Goldfische im Aquarium waren mit all den anderen Dingen verbrannt. Vernichtet war das Militärspielzeug wie die Soldaten, das Artilleriegeschütz, die Flak 8,8 aus Guss und die große Burg. *Horst Anacker*

Das Haus war dem Erdboden gleich, und der Opa darin umgekommen. Wir hatten in dieser Nacht alles verloren. *Karl Heinz Krummel*

Von meinem Vater und meinen Großeltern hörten wir nie mehr etwas. Von elf Hausbewohnern Ludwigstraße 1 kamen neun ums Leben. Lediglich Mutti und ich überlebten. *Edith Schönig*

Wir sind die einzige Familie aus der „engen Kiesstraße“ (zwischen Karlstraße und Hochstraße), die den Angriff vollzählig überlebt hat, Großvater, Großmuttere, meine Mutter und ich. *Inge Spalt*

Ich habe anschließend drei Tage kein Wort mehr gesprochen, und meine Mutter glaubte, ich hätte einen bleibenden Schaden erlitten. *Margarete Glimm*

Den Anblick der Rheinstraße werde ich niemals vergessen.
Elisabeth Ohlenforst

Ich glaube, dass ich damals viel geweint habe. Mein kleiner Bruder Udo hatte für einige Monate weitgehend seinen Sprachschatz verloren.
Horst Anacker

Es ist mir heute noch unheimlich, wie man das alles ertrug. Irgendwie war jeder starr und versteinert durch so viel Schreckliches. Kaum einer schrie vor Grauen über die vielen Toten; jeder versuchte, lebend aus dieser Hölle herauszukommen. *Mechtild Krapp*

Die nächsten Wochen

Glockenbauhof des Schlosses (kleines Bild). Unten: Blick von Osten aufs Schloss. Die Schlossgasse (vorn), die bis 1944 durch die nördliche Altstadt führte, ist heute die Erich-Ollenhauer-Promenade.

Über das, was wir in dieser Nacht erlebt hatten, wurde nie ein Wort gesprochen. Das war auch nicht möglich. Ein stumm machender Riss hatte das Vertrauen, das die Welt trägt und zusammenhält, vernichtet. *Horst Rumpf*

Meine Mutter ging nach diesem Angriff mit uns Kindern nicht mehr in den Luftschutzkeller, weil sie nicht mehr an einen Schutz glaubte.
Helga Backhaus

Einen Tag später habe ich es dann bis zum Krankenhaus in der Hermannstraße geschafft. Aber alles, was von unserer Mutter geblieben war, war ihr Rosenkranz, den ich in den Trümmern fand. Alle Patienten hatten sich retten können, doch meine Muter war durch ihre schwere Krebs-Erkrankung nicht mehr in der Lage gewesen zu laufen. Sie verbrannte bei lebendigem Leib in ihrem Bett. Später hat man mir erzählt, dass ihre Schreie weithin zu hören waren. Bei dem Gedanken daran leide ich noch heute Höllenqualen.
Lieselotte Weber

Tagelang und nächtelang habe ich gebetet: „Lieber Gott, mach, dass meine Mama lebt.“ Ich wurde nicht erhört. *Edith Kloos*

Wochen später konnte ich einen in der oberen Hügelstraße neben einer bis zur Unkenntlichkeit verkohlten Leiche gefundenen Schlüsselbund als den meiner Mutter erkennen. Von meinem Vater keine Spur.
Erna Reitz-Spielmann

Rheinstraße, Ecke Neckarstraße, erster Nachkriegswinter (oben). Mit der Trümmerbahn wird der Schutt abgefahren (unten).

Wenn mich heute einer fragt, wie ich damals den Verlust meiner Eltern verarbeitet habe, so muss ich gestehen, dass ich es nicht so recht weiß. Ich hatte nämlich gar keine Zeit, mich mit meinem Schicksal auseinander zu setzen. Täglich gab es doch Hunderte Tote an den Fronten, in der Heimat durch Bomben, und mein Schicksal wiederholte sich täglich. Also was konnte man machen, das Leben ging weiter, nach dem Wie fragte keiner.

Günter Wiemer

Nun aber weiß ich und kann es bezeugen, dass mein Lebensweg durch dieses Erleben eine totale Wendung bekam: Liebe zu Gott und Hingabe in der Nachfolge Jesu Christi. *Marienschwester Myrtha*

So gab ich alles auf: Abitur, Studium, Familie. Das Erleben jener Nacht war zu stark, es hatte mein Leben und meine Pläne vollkommen umgekrempelt. Ich hatte nur noch ein Ideal – dem zu dienen, was ewigen Bestand hat.

Marienschwester Eusebia

Im ersten Schock glaubten die meisten Darmstädter nicht an einen Wiederaufbau der Stadt. *Ria Märtin*

Für viele der Überlebenden begann nun der Exodus. Andere blieben noch in der Stadt, wofür es die verschiedensten Gründe gab: Sie suchten nach vermissten Angehörigen, die sie im schlimmsten Fall als Tote fanden, viele versuchten, sich in weniger zerstörten Häusern eine Bleibe zu verschaffen oder bei Verwandten oder Bekannten unterzukommen, manche hofften, in ihren Wohnungen noch etwas von ihrer Habe zu finden. *Bruno Vock*

Kurz vor dem Waldfriedhof fuhr an mir ein Lastwagen vorbei, voll gestopft mit Menschen. Durch Zufall haben mich meine Eltern, die auf der Pritsche dicht an dicht mit anderen standen, entdeckt. Nach wildem Zurufen hielt der Fahrer an, und ich konnte aufsteigen. *Karl Schäfer*

Auf der hinteren offenen Ladefläche sitzend und ein großes Glas eingelegter Gurken zwischen den Beinen ging die Fahrt nach Urberach, unserem neuen Domizil. *Brigitte Soeder*

Nach und nach kamen sämtliche Geschwister meiner Großmutter, die allesamt schon über fünfzig, teilweise über sechzig waren, mit ihren Ehepartnern in unsere kleine Bleibe auf dem Bauernhof, weil sie alle total ausgebombt, aber gottlob mit dem Leben davongekommen waren. Alle besaßen nur das, was sie auf dem Leibe trugen. *Heinz Kredel*

Der Datterich überlebte: Niebergallbrunnen inmitten der Altstadttrümmer (kleines Bild). Unten: Die Altstadt wird frei geräumt – so ist zu erkennen, dass die Häuser an die Stadtmauer gebaut und ihre Fenster durch diese hindurchgebrochen waren.

Ich fand diese Art Landleben blöd und unsere Situation an sich beschissen. Die Straßen nicht asphaltiert, alles voller Kuhfladen, und die Kuh war das bevorzugte Transportmittel. *Karl Oldendorf*

Die nächsten Tage und Wochen waren nicht schön, vor allem für meine Mutter. Kein Strom, kein Wasser. Meine Mutter ging in den Orangeriegarten, um Windeln zu waschen. Wir sollten auch evakuiert werden, aber meine Mutter wollte lieber in der Stadt bleiben aus Angst, uns könnte eine Nachricht über unseren vermissten Vater nicht erreichen. Abends saßen wir bei Petroleumlicht und Kerzen in der Küche. Meine Mutter wollte uns von der Angst ein bisschen ablenken und sang mit uns viele alte Volkslieder. *Helga Hansmann*

Manche Soldaten erhielten Fronturlaub und kehrten in eine Stadt zurück, die eine einzige Ruine war. Sie fanden die Wohnungen zerstört und oft auch die Angehörigen nicht mehr lebend vor. *Ernst Hieronymus*

Marktplatz, 1950.

Von unserem großen Wohnhaus in der Nieder-Ramstädter Straße stand nur noch eine Seitenmauer, an der ganz oben ein verwaister Vogelkäfig hing; und so stand sie noch jahrelang.
Fritz-Dieter Model

Als meine Mutter am Tag darauf noch mal den Weg nach Hause wagte, kam sie zurück und hielt etwas in der Hand. Es war ein fünf Zentimeter großes Porzellandöschen und hatte zu meiner Puppenküche gehört. Die kleine Dose stand auf den Trümmern und hatte nur einen Sprung. Da wurde auch mir bewusst, dass wir alles verloren hatten, und ich fing bitterlich zu weinen an. Dieses Andenken besitze ich noch heute.
Elfriede Kees

Marktplatz, 1940.

Zwangseinweisung, ein Zimmer, zwei Militärbetten, zwei Stühle, Plumpsklo auf dem Hof: So verbrachten meine Großeltern ihre letzten Tage. Zwei Söhne in Stalingrad verhungert, ein Schwiegersohn gefallen, Tochter und Schwiegersohn ebenfalls ausgebombt. Wohnung mit wertvollen Möbeln weg.
Hannelore Siefert-Berg

6. November 1944. Wenn man durch Darmstadt geht, wird man überall vom Leichengeruch begleitet, durch manche Straßen ist überhaupt nicht durchzukommen. Man möchte sich weit weg verkriechen. Wo die Leichen nicht geborgen werden können, sieht man auf dem Trümmerberg Holzkreuze. Manche Keller mussten zugemauert werden, damit sich keine Seuchen ausbreiten. Oft sind die Keller voll Wasser gelaufen.
Gudrun Gottstein (Tagebuch)

In den Betten lagen damals fünf oder sechs Personen quer. Der Rest versuchte, auf dem nackten Fußboden zu schlafen. Wie lang diese chaotischen Verhältnisse dauerten, kann ich heute nicht mehr sagen. Ich weiß nur, dass in diesen Tagen eine sehr gedrückte, ja verzweifelte Stimmung herrschte, weil alle alles verloren hatten, und keiner wusste, wie es weitergehen sollte.
Heinz Kredel

Friedensplatz mit oberer Rheinstraße, etwa 1948.

Friedensplatz vor dem Krieg – damals hieß er noch Paradeplatz. Links: Grafenstraße, im Hintergrund die Kreuzung mit der Rheinstraße, Blick nach Süden.

Ich weiß nur, der Hunger war mein ständiger Begleiter.

Lieselotte Suchland

Ich war halt noch zu klein, um zu erfassen, wieso so viel kaputt war. Es machte uns sogar Spaß, in den Trümmern zu spielen und manchmal noch eine Tasse oder so was zu finden. *Helga Hansmann*

Auf dem Waldfriedhof standen dort, wo heute das Massengrab ist, ganze Reihen von verzinkten Wasserwannen. Darin waren die Überreste von Menschen, verkohlt und geschrumpft. Manchmal ganze Hausgemeinschaften in einer einzigen Wanne. *Helmut Dunstädter*

Maschinenfabrik Goebel nach dem Großangriff der US Air Force vom 12. Dezember 1944. Starke Schäden erleiden an diesem Tag auch Merck, Schenck sowie Röhm und Haas. Insgesamt jedoch halten alliierte Luftangriffe die Kriegsproduktion in Deutschland kaum auf.

Auf dem Friedhof kam meine Mutter mit einem alten Mann ins Gespräch. Ich trat mir derweil Nüsse auf. Da sagte der alte Mann: „Iss die Nüsse lieber nicht. Genau an der Stelle, an der du sie aufgetreten hast, waren nämlich die Toten aufgestapelt.“ *Rosemarie Schubart*

Als Kinder mussten wir Knochen sammeln für Seife, und Alteisen für Gewehre, so wurde uns in der Schule gesagt. *Alfred Bartsch*

Aber auch nach den Bombenangriffen war der Tod in der zerstörten Stadt gegenwärtig. Wochen nach der Brandnacht, als die Straßen vom Schutt einigermaßen geräumt waren, gingen meine Mutter und ich durch die Arheilger Straße. Wenige Meter vor uns ging ebenfalls eine Mutter mit ihrem Bub. Das erste zerstörte Haus war das an der Ecke Beckerstraße. Nur die Außenmauern standen noch. Ohne Vorwarnung stürzte die große Giebelseite auf die Straße und begrub vor unseren Augen Mutter und Kind. Wären meine Mutter und ich nur einige Schritte schneller gegangen, hätte es uns getroffen. *Horst Lind*

Auf dem Weg zur Diesterwegschule lagen oft in den letzten Kriegsmonaten Leute auf den Knien, den Kopf auf der Erde, deren Lunge gerissen war durch die Luftminen, die die Jagdbomber abwarfen. Wenn man Luftminen pfeifen hört, passiert nichts. Die Brandbomben waren das Schlimmste, da brannte alles, sogar Wasser. *Alfred Bartsch*

Der 12. Dezember 1944 war ein schöner Tag. Von Westen her kamen hoch drei Dreieck-Pulks von Flugzeugen angeflogen. Sie glitzerten silberhell am blauen Himmel. Wir hörten auf zu sägen und schauten hinauf. Im Grunde war es ein schönes Bild. Als die Flugzeuge über uns waren, verwandelte es sich in ein tödliches Szenario. Zuerst fielen Rauchbomben, die in großem Bogen direkt auf uns zuzufliegen schienen. Sie sollten den Bombenschützen durch ihren Flug und Aufschlag zur Zielgenauigkeit verhelfen. Und dann folgten – wie an Perlenschnüren – die Ketten hell aufblitzender Bomben aus den Flugzeugschächten. *Horst Lind*

Eine einzige Luftmine verirrte sich ins Martinsviertel und detonierte über einem öffentlichen Schutzraum, in Höhe Arheilger Straße und Beckerstraße. Alle waren sofort tot, darunter auch alle vier Töchter einer Familie; deren Mutter war an diesem Tag nach Reinheim gefahren, um beim dorthin ausgelagerten Faix Spielzeug für Weihnachten zu kaufen. Nachmittags war sie zurück, sie kam die Liebfrauenstraße herunter; viele sahen sie kommen, ich auch, keiner sagte etwas zu ihr. Später hat man ihre markerschütternden Schreie gehört. Der Vater war Fahrer bei der Molkerei. Er musste seine toten Töchter mit dem Milchauto auf den Waldfriedhof fahren. *Lieselotte Suchland*

20. Dezember 1944. Vormittags in Darmstadt. Die Straßenbahn fährt wieder durch die Rheinstraße. Einige Häuser haben Notdächer. Es herrscht reges Leben in der Stadt. Vor unserem Trümmerhaufen sitzen gefangene Russen um ein Feuer und laden Backsteine auf. Wer hätte so etwas jemals für möglich gehalten? *Gudrun Gottstein (Tagebuch)*

Im Neunkircher Wald hatte ein Trupp deutscher Soldaten seinen ganzen Zug Fahrzeuge mit den Waffen im Stich gelassen. Mutter ging, um die Verkleidung aus den Wagen rauszureißen, woraus sie uns Hosen nähte, die steif wie ein Brett waren und wund scheuerten. Ob steif oder wund, Hauptsache Hose. *Alfred Bartsch*

Auf der Neunkircher Höhe hatte sich SS verschanzt, die mit Granatwerfern Landstraßen und Dörfer beschoss. Nach dem Einmarsch der Amerikaner gab es auch in unserem kleinen Dorf durch deutsche Granaten Tote.

Ilse Zwinger

Am 18. März 1945 wurde ich in der Bessunger Petruskirche konfirmiert. Auch da gab es Fliegeralarm, und die Feier musste abgebrochen werden.

Lieselotte Suchland

Am 25. März 1945, Palmsonntag, kamen die Amerikaner, und für den nächsten Tag hatte ich einen schriftlichen Befehl zur Wehrerfassung nach Groß-Umstadt. Für mich kamen die Amis wirklich pünktlich!

Georg Kreim

Unter dem Satz „Wir haben jetzt Frieden" konnte ich mir gar nichts vorstellen. Es war mir unbegreiflich, dass jetzt nicht mehr geschossen und gebombt werden sollte. *Edlind Grobe*

Das Ende – die Amerikaner ziehen ein. Fotos vom 25. März (rechts, am Marktplatz) und 18. April 1945 (links, in der oberen Rheinstraße). Und das blieb übrig: Gelände der Altstadt nach der Trümmerräumung und vor der Begradigung der Landgraf-Georg-Straße. Im Hintergrund links das Gefängnis, rechts das Hallenbad (großes Foto).

Bescheidener Beginn: Buden gegenüber vom Schloss (oben).
Marktplatz, Blick nach Westen (unten).

Für mich als Kind war die Welt noch lange nicht in Ordnung.
Helga Reitinger

Ich hatte furchtbares Heimweh nach Darmstadt. Im Mai 1945 schließlich bin ich von Faulbach zu Fuß in zwei Tagen nach Hause gelaufen.
Irmgard Krievins

Meine zerstörte Heimatstadt sah ich erst viele Jahre später wieder.
Werner Rühl

1952 zogen wir wieder nach Darmstadt, und unsere Mutter konnte wieder lachen. *Alfred Bartsch*

Meine arme Oma hat ihre drei Kinder im Krieg verloren. Es ist nicht verwunderlich, dass sie dann nicht mehr bei Verstand war. *Edith Kloos*

Es begann der Wiederaufbau, man suchte nach einer gesicherten Existenz, und wieder hatte man keine Zeit, sich mit der Vergangenheit zu beschäftigen. Zugegeben, manchmal dachte ich schon, wenn du jetzt deine Eltern fragen könntest, das wäre sicher hilfreich. *Günter Wiemer*

Etwa um 1954 wurden auch im Grünen Weg die Trümmer geräumt, um Platz für Neubauten zu schaffen. Bei den Räumungsarbeiten habe ich eine unversehrte Porzellantasse mit der Aufschrift „Dem lieben Kinde" ausgebuddelt, aus der ich als Bub meine Milch trinken durfte; ich habe die Tasse heute noch. *Wolf-Dieter Loos*

Heute ein Knotenpunkt des Cityrings: Holzstraße mit „Krone“ und dem Elektro-Saladin-Haus, 1950 (oben); Blick vom Ludwigsplatz in die Ernst-Ludwig-Straße, 1948 (unten). Das Kaufhaus Nitzsche (heute McDonald's) und Betten-Heymann stehen schon.

Die Kirchstraße: 1945 (oben), 1955 (unten).

Heute

Weg damit: Abriss der Marstallruine am Mathildenplatz, 11. März 1958. Fünfundvierzig Jahre lang bleibt die Fläche leer, dann beginnt dort der Bau des Justizzentrums.

Heute bin ich achtzig Jahre alt und immer noch dankbar, dass die Luftmine, die in allernächster Nähe einschlug, viele Nachbarn tötete und alle Häuser zerstörte, uns am Leben ließ. *Margret Busch*

Es war ein schreckliches Erlebnis damals. Ich hatte dies zwar jahrelang verdrängt, aber je älter man wird und die schrecklichen Kriege in der Welt sieht, umso öfter kommt die Erinnerung. *Helmtrud Vetter*

Mit zunehmendem Alter, wenn man die Lebenslinie nicht mehr aufsteigen sieht, fällt es mir schwerer, den wunden Boden, auf dem ich stehe, zu ignorieren. Ich bin zuweilen fassungslos traurig und weine, zügele mich aber immer wieder. *Edlind Grobe*

Erst mit dem Alter kommt alles wieder hoch. Man besucht hin und wieder das Mahnmal auf dem Waldfriedhof, denn ich bin sicher, dass meine Eltern dort im Massengrab ihre letzte Ruhe fanden. *Günter Wiemer*

Den Weg in die Roßdörfer Straße und in die Kiesstraße habe ich bis heute nicht wieder gefunden – es schaudert mich. *Peter F. Schmuck*

Wenn ich die Augen zumache, sehe ich Darmstadt brennen.
Elfriede Senft

Kiesstraße, 2004.

Es gibt einen roten Himmel, den ich nicht sehen kann, ohne dass die Erinnerung aufbricht. *Franz Gölzenleuchter*

Auch ist es mir unmöglich, eine Decke über dem Kopf zu haben oder mich in engen Räumen aufzuhalten. *Karin Koch*

Meine Erinnerungen werden immer wieder aufs Neue entfacht, wenn ich bei Karstadt an der Schmuckabteilung stehe und daran denke, dass damals an dieser Stelle im Palaisgarten die Leichen vieler Schulfreunde und Bekannten wie Holzscheite auf einem Haufen lagen. *Ludwig Döll*

Noch heute holen mich die schrecklichen Erlebnisse immer wieder ein, besonders am 11. September. Ich erinnere mich, als das Luisencenter eröffnet wurde, war es mir unmöglich, in dieses riesige Gebäude zu gehen. Mich packte die Panik bei diesem Gedanken, ein Überbleibsel aus jenen schlimmen Zeiten. Es hat lange gedauert, bis ich mich überwinden konnte. *Lieselotte Weber*

Auch heute noch kann ich einfach nicht über manche Plätze in Darmstadt gehen. Ich kann nicht durch die Passage neben Henschel und Ropertz gehen, denn da sehe ich noch immer die aufgestapelten Toten liegen. *Irmgard Krievins*

Ich kann auch keinen Gefallenenfriedhof besuchen, da verliere ich die Fassung. Selbst die Kriegerdenkmäler greifen mich an. *Edlind Grobe*

Merckstraße, Blick zur Erbacher Straße, um 1948 (kleines Bild). Unten: Umbau der Landgraf-Georg-Straße, die künftig in gerader Richtung zum Schloss führt (Aufnahme vom 21. Juni 1954). Wenig später müssen die Häuser auf der Nordseite weichen, wo die Technische Hochschule große Institutsgebäude errichtet.

Ich habe meinen Kindern und Enkeln von diesem Erleben erzählt, das sich bei mir so tief eingeprägt hat, dass ich noch heute erschrecke, wenn ich ein tief fliegendes Flugzeug nur höre, aber nicht gleich sehe. *Ilse Dutz*

Meine Enkel können sich nicht vorstellen: Ein Leben ohne Spielzeug, Telefon, Auto und kein Lieblingsjoghurt im Kühlschrank! *Hannelore Siefert-Berg*

Wenn ich heute über Krieg und Gewalt lese oder im Fernsehen sehe, gilt mein erster Gedanke den armen Frauen und Kindern, da man diese Zeiten nie ganz aus dem Gedächtnis streichen kann. *Helga Hansmann*

All diese Bilder haben sich in meinem Innern so fest eingegraben und mich immun gemacht, so dass mich die Schreckensbilder von heute zwar auch bewegen, aber nicht ins Tiefste erschüttern. *Erich Luckhaupt*

In sechzig Jahren haben die Menschen nichts dazugelernt. *Gerhard Gekeler*

Die Aufarbeitung der NS-Epoche finde ich angemessen. Mich belasten aber die Zeugnisse der Nazi-Untaten, die bis heute in den Medien verbreitet werden, mehr als andere Zeitgenossen, weil ich sie im Zusammenhang mit den erlebten Folgen meiner Vita sehe. Beim Ansehen von Aufmärschen der NS-Zeit und Anhören der schrecklichen Reden wird mir höchst unbehaglich. *Edlind Grobe*

Elisabethenstraße, Ecke Wilhelminenstraße, Blick zum Ludwigsplatz, März 1955. Kurz darauf wurden die Fahrbahnen asphaltiert. Die Behelfsläden links halten sich bis 1975, als der Bau von Luisencenter und Karstadt beginnt (oben). Kleines Bild: Kirchstraße in Höhe der „Bockshaut", März 1955.

Ich betrauere aber auch mein einst so schönes Darmstadt. *Alma Levigion*

Die Stadt meiner Kindheit gibt es nicht mehr. *Reinhold Carl Gengenbach*

Dieser Bombenangriff mit all seinen Folgen war das Schrecklichste in meinem Leben und wird mir bis zu meinem Tod in Erinnerung bleiben.
Erwin Kraft

Vieles ist verblasst, verdrängt oder schlicht verschwunden. Seelischen Schaden habe ich keinen genommen. *Karl Oldendorf*

Als zehnjähriger Junge habe ich die Bombennacht im Luftschutzkeller der Grafenstraße 20 miterlebt, fand jedoch bis heute nicht die seelische Kraft, die Erlebnisse aufzuschreiben, die mich in meinen nächtlichen Träumen verfolgten und oft schweißgebadet aufschrecken ließen. *Horst Fischer*

Ein Trauma aus der Kindheit. *Hermann Schomburg*

Kein Mensch, der das nicht erlebt hat, kann sich vorstellen, welche Wunden das in unseren Seelen hinterlassen hat. *Inga Wagner*

Es war mir sehr wichtig, dies einmal aufzuschreiben. *Karin Koch*

Und das wurde daraus – die zertrümmerte Stadt gab den Verkehrsplanern jede Möglichkeit. Hier die Einmündung der Teichhausstraße auf die Landgraf-Georg-Straße, 1966. Die Fortsetzung nach Norden (Pützerstraße) fehlt noch.

Die Wunden in der Stadt bleiben – ebenso wie jene in der Seele. Ruinen wie hier an der Ecke Saalbau- und Hügelstraße und Trümmergrundstücke gibt es noch fast an jeder Ecke – man hat sich nur daran gewöhnt, über sie hinwegzusehen.

Wenn Darmstadt nicht zerstört worden wäre, sähen die Darmstädter Wohnviertel so aus (Pallaswiesenstraße, 2004).

Jeder Staat, der die Absicht hat, Menschen für diese Menschen zu einer Einheit in einer ein bestimmtes Ziel, heranzubilden, muß gemeinsamen Unterkunft zusammenschweißen. Diesen Gedanken finden wir am ausgeprägtesten bei den Kasernenbauten des Dritten Reiches. Gerade bei der Wehrmacht ist die Forderung einer einheitlichen und zugleich gesonderten Erziehung sehr wichtig. Ein starkes, schlagkräftiges Heer ist nur dann zu schaffen, wenn der junge Deutsche außer einer vorbildlichen Führung und Ausbildung auch eine vorbildliche und zeitgemäße Unterkunft hat.

Die besonderen Bedürfnisse des Heeres haben schon von altersher zu einer ganz bestimmten Bauform geführt, die natürlich durch die Entwicklung bedingt, jeweils Aenderungen unterworfen ist. Kriege sind zu allen Zeiten geführt worden und starke Staaten haben stets für eine einwandfreie Unterbringung ihrer Soldaten gesorgt. Von den Römern sind noch zahlreiche Spuren militärischer Bauten gerade in hiesiger Landschaft erhalten. Hier wie auch später bei den Bauten der Ordensritter und Ritter überhaupt, diente die „Kasernenanlage" zugleich als Verteidigungsanlage, in die sich notfalls die übrigen Bürger flüchten konnten. In der folgenden Zeit war eine Verteidigung der Kasernen nicht mehr notwendig, da die ganze Stadt mit einem Verteidigungssystem umgeben wurde. Und heute, durch die Entwicklung der Schußwaffen, nützt auch die festungsmäßige Verteidigungsanlage einer Stadt nichts mehr, sondern es erhalten die Grenzen und wich-

einzelnen Bauten sind mit genügenden Abständen errichtet, um Licht und Luft überall Zugang zu gewähren. Große Rasenflächen mit Baumbestand dienen als Erholungsplätze für Soldaten und Zivilangestellte. Alles ist nach den neuesten baulichen Erfahrungen ausgebildet. Eine vorbildliche Zentralheizungsanlage mit Anschluß der einzelnen Gebäude ist ebenso selbstverständlich, wie ein tadellos funktionierendes, unterirdisches Netz von Be- und Entwässerungsleitungen, Gasleitungen und Kabeln.

Städtebauliche Gesichtspunkte werden schon bei Auswahl des Kasernengeländes berücksichtigt. Die neue militärische Anlage soll sich organisch dem Städtebild eingliedern oder, wenn sie abseits liegt, sich der Landschaft glücklich anpassen. Für die Gestaltung der einzelnen Bauten ist die heimische Bauweise richtunggebend, sowohl beim Entwurf der Schauseiten, als auch bei der Verwendung der einzelnen Baustoffe. Zur künstlerischen Ausschmückung der Kaserne werden Bildhauer und Maler herangezogen.

Kein wildes Bauen

Vom Oberkommando des Heeres sind für die einzelnen Truppenteile Raumbedarfsnachweisungen aufgestellt, die die Quadratmeterabmessungen der einzelnen Räume in den Bauten genau festlegen. Ferner sorgen Erlasse und Richtlinien dafür, daß im Reich kein wildes Bauen entsteht und alles auch mit äußerster Sparsamkeit bei bester Bauausführung und Schnelligkeit durchgeführt wird. Ohne diese Maßnahmen wäre es nie möglich gewesen, den Aufbau der Wehrmacht in so kurzer Zeit reibungslos und sparsam zu gewährleisten. Gleichzeitig ist an Hand von Musterzeichnungen eine gewisse Normierung der einzelnen Gebäudegrundrisse der Kasernenanlage durchgeführt worden. Diese Musterzeichnungen sind von den einzelnen Heeresbauämtern jedoch nur als Anhalt zu benutzen, so daß einer künstlerischen Entfaltung der einzelnen verantwortlichen Bearbeiter nichts im Wege steht.

Im folgenden soll auf die wesentlichsten Hochbauten der Kaserne näher eingegangen werden:

Das Stabshaus dient zur Unterbringung der Geschäftszimmer und der Stabsmannschaften. Im Erdgeschoß ist meist die Kasernenwache mit den Arrestzellen eingebaut; außerdem finden wir hier große Räume mit den modernsten Maschinen für Kompanie-Schuhmacher, -Sattler und -Schneider. Im Stabshaus ist meist das Krankenrevier untergebracht mit Krankenräumen, Untersuchungs- und Behandlungszimmer, Arztraum, Wasch- und Baderaum.

Das Mannschaftshaus ist die Unterkunft einer Kompanie, Batterie oder Schwadron. Beim Bau wird eine Ost- und Westlage der Fenster angestrebt, um eine hinreichende Besonnung der Räume zu gewährleisten. Die Stabs- und Mannschaftshäuser sind dreigeschossige Bauten mit Mittelflur und haben in der Regel 2 Treppenhäuser. Die Mannschaften liegen in Stuben zu 6, die Unteroffiziere zu 2–4 und die Feldwebel zu 1–2 Köpfen. Zentralheizung und Parkettfußboden machen den „Stubendienst" in der modernen Kaserne zu einer durchaus erträglichen Angelegenheit. Und ein heller, freundlicher Wandanstrich sowie schöne Vorhänge an den Fenstern geben der Mannschaftsstube ein sehr wohnliches Gepräge. In einem besonderen Raum können nasse Uniformen mit Hilfe einer elektrischen Anlage getrocknet werden. Neben der Unterkunft der Soldaten befinden sich im Mannschaftshaus Unterrichtsräume mit Filmvorführmöglichkeit, Lese- und Spielzimmer, Schreibstuben und Friseurstube.

In jedem Geschoß ist ein Waschraum mit fest eingebauten Waschmulden und fließendem Wasser. Zu jedem Kompanierevier gehört auch ein Auskleide- und Duschraum. Hier finden wir kalte und warme Brausen, Gesäßbrausen und Fußwaschbecken. Alle diese Räume, die der Reinigung des Körpers dienen, besitzen weiße, glatte Wandkacheln und der Fußboden ist mit Steinzeugfließen ausgelegt. Ferner beherbergt das Mannschaftshaus die Kasernenwohnungen für den Kompanieoffizier, einen unverheirateten Leutnant, und die Wohnung für den verheirateten Oberfeldwebel. Im Kellergeschoß sind durch Rampen von außen erreichbare Räume für Fahrräder und Krafträder der Soldaten. Das Dachgeschoß jedes Mannschaftshauses nimmt die Bekleidungskammer jeder Kompanie auf.

Das Wirtschaftsgebäude muß von Stabs- und Mannschaftshäusern leicht erreicht werden können. Hier nehmen die Mannschaften, Unteroffiziere und Feldwebel ihre Hauptmahlzeiten ein. Im Erdgeschoß befindet sich die große Küche mit ihren Nebenräumen. Sie hält jeden Vergleich mit einer modernen Hotelküche aus. Wir finden hier 3 oder 4 große Kessel, die an die Zentralheizung angeschlossen sind, ferner Fischbrater, Wärmeschränke und Kühlraum. Wände und Fußböden sind mit Steinzeugplatten versehen und gewährleisten zusammen mit einer guten Entlüftungsanlage peinlichste Sauberkeit. Durch Schalter mit der Küche verbunden ist der große Mannschaftsspeisesaal und angrenzend das Nebenzimmer für die Mannschaften, die „Kantine". Beide Räume sind mit Wandbildern versehen, die in künstlerischer Weise die heimische Landschaft oder die Kriegs- und Friedensgeschichte des Soldaten darstellen. Die Lampen sind meist nach Entwürfen des Heeresbau-

Nachdem wir in den letzten Wochen in ausführlichen Berichten auf den Einzug der Truppen in die neuerrichteten Darmstädter Kasernen, die eine Zierde unserer alten Soldatenstadt sind, eingegangen sind, nehmen wir die heutige offizielle Übergabe der Unterkünfte durch den Standort zum Anlaß, um unseren Lesern in Wort und Bild die schönen und zweckentsprechenden Kasernen zu schildern.

igen Punkte im Gelände bauliche Anlagen, die das Reich im Angriffsfall schützen.

Das Heer ist eine mit geradezu unheimlicher Genauigkeit laufende Maschine, die ganz auf Organisation und Gehorsam aufgebaut ist. Dies drückt sich besonders in der Anordnung der Kasernenbauten aus. Es ergibt sich die Anlage einer kleinen Stadt zur Unterbringung eines Bataillons oder einer Abteilung — die militärische Einheit, die für die Kaserne bestimmend ist — und dies nicht nur in organisatorischer Hinsicht, sondern auch in künstlerischer.

Planvoll angelegte Kasernen

Alles ist auf klarste Uebersicht und Zeitgewinn im Dienstbetrieb abgestimmt. Die gesamte Straßenführung innerhalb der Kaserne muß besonders bei motorisierten Truppen auf reibungslosen Verkehr eingerichtet sein. Menschen, Tiere, Fahrzeuge und Geräte sind streng getrennt voneinander untergebracht, und damit finden vor allem auch die Forderungen der Gesundheitslehre ihre Erfüllung. Die

ben: Blick auf die Leibgarde-Kaserne. — Unten: n der Infanterie-Kantine.

Sämtliche Aufn.: Kenner.

Das Verhängnis: Darmstadt wollte immer Soldatenstadt sein. Hessische Landeszeitung vom 25. Oktober 1938.

Darmstadt im Krieg

Geschichte und Vorgeschichte

Eine Warnung: Am 16. August 1918, gegen Ende des Ersten Weltkriegs also, erlebt Darmstadt den ersten Luftangriff seiner Geschichte. Bomben treffen unter anderem das Haus Soderstraße 110; vier Menschen sterben. Das Gebäude wird im Zweiten Weltkrieg erneut zerstört.

August 1918

Dass der Krieg dorthin zurückkehrt, von wo er ausgeht, ist nicht erst eine Erfahrung des Zweiten Weltkriegs. Die Darmstädter machen sie schon 1918, in einem mit dem, was später die Stadt einholt, nicht gleichzusetzenden Maß.

Soldatenstadt ist Darmstadt seit je gewesen. Es leidet im Dreißigjährigen Krieg, erlebt französische Besatzung 1693, 1743, 1796. Häuser gehen in Flammen auf, Kirchen werden verwüstet, Weinberge gerodet. Allein diese Schrecken sind jeweils in das Kampfgeschehen eingebunden. Die zivile Gemeinde gerät ins Schussfeld, Kanonendonner und Brandschatzung fallen in eins. Die Heimat der Zivilisten ist die Fremde der Soldaten, die ihre Herkunft geschützt wissen. Im Ersten Weltkrieg gehen Schlachtfeld und Heimat ein anderes Verhältnis zueinander ein. Im ersten modernen Krieg haben Nähe und Ferne eine neue Bedeutung; es gibt kein geschütztes Zuhause mehr (sieht man von den USA ab). Das lernen die Darmstädter am 16. August 1918, einem Freitag. Der Wetterbericht kündigt Sonnenschein an, *später Gewitterneigung*. Ein Blitz aus heiterem Himmel – im *Tagblatt* ist am Abend zu lesen: *Heute Morgen gegen dreiviertel 9 wurde die offene Stadt Darmstadt von einer Anzahl feindlicher Flieger angegriffen. Die Flieger waren gemeldet, und die Alarmierung der Stadt erfolgte rechtzeitig. Einige Bomben richteten Materialschäden an Häusern an. Neben einigen Verletzten sind vier Tote zu beklagen. Der Feind verlor vier Flugzeuge.* Die Nachricht ist zensiert. Das Ereignis geht wie ein Lauffeuer durch die Stadt. Erich Lemke, Pennäler in der Bessunger Mittelschule, hört davon in der großen Pause. *Ich sagte zu meinem Freund Walter, das wird doch nicht bei uns gewesen sein? Doch als wir von der Schule heimkamen, sahen wir es schon von weitem, da war die Musik beisammen.*

Die Bomben der Flieger fallen ins Woogsviertel. In Lemkes Elternhaus, Gervinusstraße 43, gibt es eine Explosion im ersten Stock; *genau da hatte ich mein Kinderzimmer gehabt. Mein Bett ist bis auf den Dachgiebel geflogen – ganz verdreht hat's dort gebaumelt.* Schlimmer getroffen ist die Soderstraße 110. In den Trümmern sterben Marie Weber, Zahlmeistergattin Dina Kraft und Postdirektor a. D. Paul Fuldner. Als viertes Opfer registriert die Polizei Witwe Schulz aus Ober-Ramstadt; sie stirbt auf dem Weg vom Ostbahnhof in die Stadt, als eine Bombe auf dem Woogsdamm einschlägt. In den nächsten Tagen ist halb Darmstadt zu den Orten der Zerstörung unterwegs. Auch der Großherzog besucht *nach Erledigung der laufenden Vorträge im Residenzschloss die in Mitleidenschaft gezogenen Stätten.* Man empfindet Gruseln wie in der Geisterbahn. Genugtuung, als die Zeitung über die abgeschossenen Maschinen schreibt: *Eines dieser Flugzeuge war gestern auf dem Paradeplatz ausgestellt und bot ein Bild der verdienten Zertrümmerung.* Noch ein Spektakel.

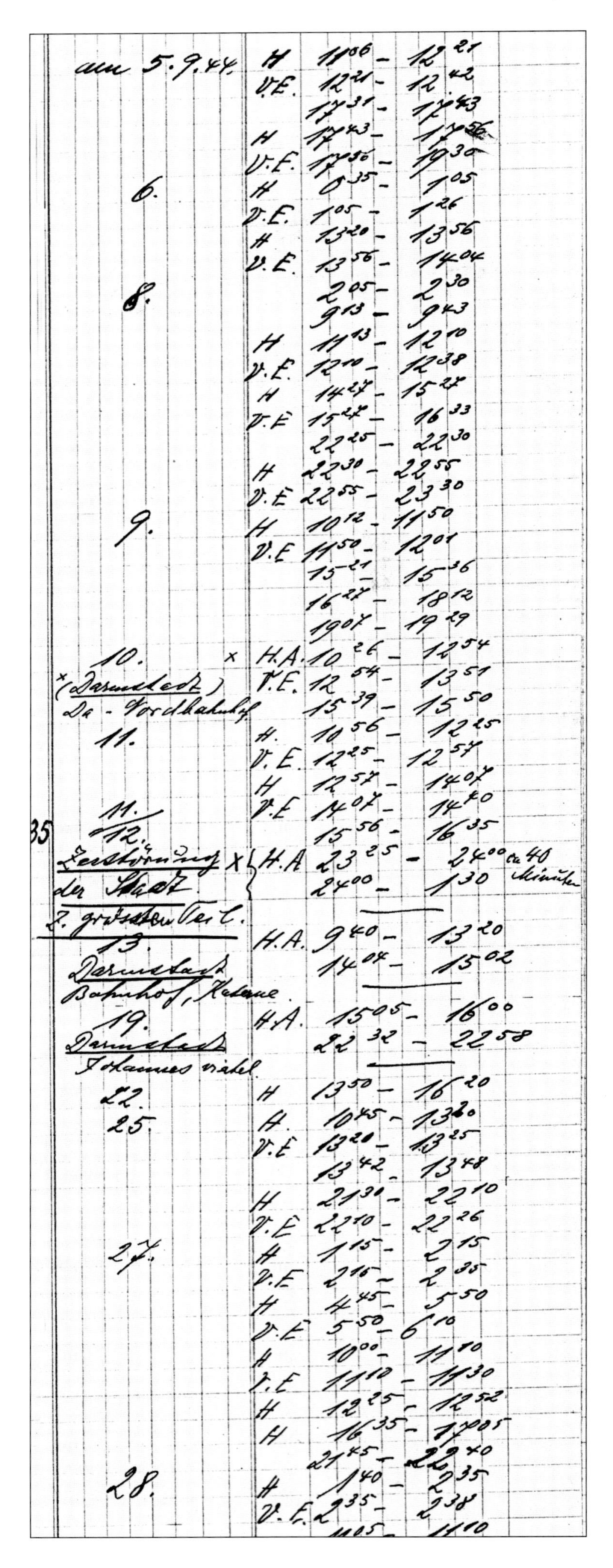

Datum		Von – Bis
am 5.9.44.	H	11^{06} – 12^{21}
	V.E.	12^{21} – 12^{42}
		17^{31} – 17^{43}
	H	17^{43} – 17^{56}
	V.E.	17^{56} – 19^{30}
6.	H	0^{35} – 1^{05}
	V.E.	1^{05} – 1^{26}
	H	13^{20} – 13^{56}
	V.E.	13^{56} – 14^{04}
8.		2^{05} – 2^{30}
		9^{13} – 9^{43}
	H	11^{13} – 12^{10}
	V.E.	12^{10} – 12^{38}
	H	14^{27} – 15^{27}
	V.E	15^{27} – 16^{33}
		22^{25} – 22^{30}
	H	22^{30} – 22^{55}
	V.E	22^{55} – 23^{30}
9.	H	10^{12} – 11^{50}
	V.E	11^{50} – 12^{01}
		15^{21} – 15^{36}
		16^{27} – 18^{12}
		19^{07} – 19^{29}
10. x	H.A.	10^{26} – 12^{54}
*(Darmstadt)	V.E.	12^{54} – 13^{51}
Da.-Nordbahnhof		15^{39} – 15^{50}
11.	H.	10^{56} – 12^{25}
	V.E.	12^{25} – 12^{57}
	H	12^{57} – 14^{07}
	V.E	14^{07} – 14^{40}
11./12.		15^{56} – 16^{35}
Zerstörung der Stadt z. größten Teil. x	H.A	23^{25} – 24^{00} ca. 40 Minuten
		24^{00} – 1^{30}
13. Darmstadt Bahnhof, Kelaue	H.A.	9^{40} – 13^{20}
		14^{04} – 15^{02}
19. Darmstadt Johannesviertel	H.A.	15^{05} – 16^{00}
		22^{32} – 22^{58}
22.	H	13^{50} – 16^{20}
25.	H.	10^{45} – 13^{20}
	V.E	13^{20} – 13^{25}
		13^{42} – 13^{48}
	H	21^{30} – 22^{10}
	V.E	22^{10} – 22^{26}
27.	H	1^{15} – 2^{15}
	V.E	2^{15} – 2^{35}
	H	4^{45} – 5^{50}
	V.E	5^{50} – 6^{10}
	H	10^{00} – 11^{10}
	V.E	11^{10} – 11^{30}
	H	12^{25} – 12^{52}
	H	16^{35} – 17^{05}
		21^{45} – 22^{40}
28.	H	1^{40} – 2^{35}
	V.E.	2^{35} – 2^{38}
		11^{05} – 11^{10}

Luftalarm gibt es in Darmstadt seit 1916. Böllerschüsse, Knallfrösche, schließlich Huptöne sollen vor akuter Gefahr warnen. Längst ist Verdunkelung angeordnet. Die Darmstädter, so melden Polizeiberichte, nehmen Warnungen und Regeln nicht sonderlich ernst. Über *zwanzig hell erleuchtete Fenster in der Heinrichstraße* empört sich zwei Wochen nach dem Angriff ein Leserbriefschreiber, fordert Geldstrafen; ein anderer beschwert sich, *dass die Beendigung der Fliegergefahr nicht mit dem üblichen Glockenzeichen bekanntgegeben wurde*. So habe die Bevölkerung zwei Stunden länger als nötig im Keller gesessen.

Harmlose Sorgen. Und doch scheinen darin schon Motive der Katastrophe auf, die sechsundzwanzig Jahre später die Stadt heimsucht. Schwache Vorzeichen, seltsame Winke. Das Woogsquartier, ein Beispiel, wird 1944 das Wohnviertel mit den meisten Opfern sein. Die fehlende Entwarnung, das zu lange Verbleiben im Keller verursachen den Tod vieler.

Und es wird sich 1944 wiederholen, was 1918 noch gar nicht gesehen wurde: Dass Kriege dort ihren Ausgang haben, von wo die Soldaten losmarschieren, wo die Kanonen verladen werden und die Flugzeuge starten. In Darmstadt hatte der Ingenieur Otto Ursinus 1914 das erste zweimotorige Bomberflugzeug des Jahrhunderts gebaut; von hier fuhren 1915 die Zeppeline zu Bombenangriffen nach Paris und London. In der englischen Hauptstadt kamen dabei 498 Zivilisten um – die ersten Luftkriegsopfer des Jahrhunderts.

Ein Vierteljahrhundert später ist der Bombenkrieg nicht Ausnahme, sondern Alltag. 1567 Luftalarme gibt es in Darmstadt; Karl Krick, der in der Ploenniesstraße 15 wohnte und der Luftschutzwart seines Viertels war, hat sie alle penibel notiert. Hier die Seite für den September 1944.

Die Feuerwehr spritzt zur Seite. Zerstörung der Orthodoxen Synagoge in der Bleichstraße, 10. November 1938.

November 1938

Die Spur, die dort beginnt, wird fortan sichtbar bleiben. So im März 1933, als fünfzig Prozent der Darmstädter die NSDAP wählen, so im Frühjahr 1936, als Hitler Truppen ins entmilitarisierte Rheinland schickt. *Die ganze Stadt stand hinter dem Oberbürgermeister, als er sich dafür einsetzte, dass Darmstadt wieder das wurde, was es einmal war, eine richtige Soldatenstadt,* schreibt die *Hessische Landeszeitung* über den 8. März, als das Infanterieregiment 97 in die Stadt einrückt, *und der Jubel der Darmstädter kannte keine Grenzen.* Zwischen 1937 und 1939 wird eine Kaserne nach der anderen errichtet; die Militarisierung des Alltags spiegelt sich in den Zeitungsüberschriften: *Junge Rekruten im neuen Heim, Frohsinn auf dem Manöverball, Kameradschaftsabend im Zeichen der grünen Tanne.* Im Umland üben die 115er Infanterie, 6er Kavallerie und 33er Artillerie das Töten und Getötetwerden, *Heiße Winterschlacht am Galgenberg, Kanonendonner rollte übers Ried,* titeln die Journalisten, und das *Tagblatt* frohlockt: *Es ist eine Lust, Soldat zu sein.* Uniformiert marschieren im Oktober und im November 1937 die Trauerzüge für den verstorbenen Großherzog Ernst Ludwig und die bei einem Flugzeugunglück ums Leben gekommene fürstliche Familie durch die Stadt; Tausende Darmstädter bezeugen ihre Anteilnahme mit dem Hitlergruß. Auf der Lichtwiese übt man *Truppenverbandplatz mit Verwundetennestern,* in die Stadtbibliothek werden Bücher wie *Chemische Kampfstoffe, Waffenlehre* und *Kriegskunst heute und morgen* eingestellt.

Sichtbar wird der Krieg in der Nacht vom 9. auf den 10. November 1938, als die Darmstädter Synagogen zerstört werden: *Es waren die ersten Häuser, die ich brennen sah,* erinnert sich der spätere Oberbürgermeister Günther Metzger. Die jüdischen Bürger sind die ersten Opfer des deutschen Krieges.

Oktober 1937: Trauerzug für Großherzog Ernst Ludwig.

Zehn Menschen sterben, als am 22. Juli 1940 Bomben auf Darmstadts Norden fallen. In Trümmern liegt auch das „Café Jöst" an der Ecke Liebfrauen- und Pankratiusstraße.

September 1939

Im August 1939 wird der Krieg fassbar auch für die anderen. Am 16. Volksgasmaskenaktion, am 27. Postsperre, am 28. Bezugsscheinpflicht für Lebensmittel, am 30. Rationierung von Stoffen und Schuhen, am 31. Absage von Sportwettkämpfen. Am 1. September *vorläufige Verdunkelung bis auf weiteres:* Der Krieg ist da. *Am Tage war es heiß, nachmittags hatte ein Gewitter über der Stadt gestanden, ohne sich zu entladen,* vermerkt das *Tagblatt.* Am 9. September die erste Anzeige, *Heldentod auf dem Weg zum Siege*. Am 8. Juni 1940 hört Darmstadt den ersten Luftalarm. Am 5. Oktober 1940 Jubel über die heimkehrenden Sieger des Frankreichfeldzuges. Am 20. März 1942 geht der erste Transport Darmstädter Juden, tausend Todgeweihte, nach Lublin. Die Deportationen dauern bis Februar 1943, als auch bislang verschonte alte und kranke Juden zur Ermordung abgefahren werden.

NSDAP-Totenfeier am 29. September 1943 vor dem Landesmuseum für die 149 Opfer des Bombenangriffs eine Woche zuvor.

Beschädigt: Die „Insel“ in der Bachgasse. Der Wiederaufbau beginnt sogleich; erst 1944 wird die Altstadt zerstört. An Stelle des Schutthaufens im Vordergrund steht heute die Stadtbibliothek.

Am 23. September 1943 wird Darmstadt kurz vor Mitternacht von 29 englischen Flugzeugen bombardiert. Die meisten Schäden gibt es in der Altstadt sowie in Straßen des Martins- und des Johannesviertels. Aber auch der Grüne Weg wird getroffen (Foto links). Deutlich ist erkennbar, dass die Wirkung der Sprengbomben überwiegt. Eine Jahr später sieht das Bild ganz anders aus.

Schwer getroffen: Wohnblock in der Frankfurter Straße (links), Häuserzeile in der Bismarckstraße. Der Wohnblock überlebt den Krieg, von der Bismarckstraße bleibt nach dem Angriff vom 11. September 1944 nicht viel übrig.

Max und Moritz im Feuersturm: Merkblatt des Reichsluftschutzbundes.

September 1944

Am 22. Juli 1941 erlebt Darmstadt den ersten Luftangriff mit Todesopfern; zehn Menschen sterben, als zwei englische Flugzeuge einige hundert Bomben ins Martinsviertel werfen. Bis Kriegsende gibt es 1567 Luftalarme in Darmstadt, fünfunddreißigmal wird die Stadt angegriffen. Am 23. September 1943 werden 162 Häuser im Martins- und Johannesviertel zerstört, auch die Altstadt erleidet Beschädigungen; 149 Tote werden gezählt und in einer pompösen NS-Feier vor dem Landesmuseum geehrt. Am 25. August 1944 ist die Zerstörung Darmstadts geplant, der Angriff der *Royal Air Force* geht jedoch daneben.

Der zweite Versuch (*Deckname Hecht,* Auftrag: *to destroy town)* wird am 11. September unternommen: 220 schwere Lancaster-Bomber der fünften Luftflotte und 14 schnelle Mosquito-Zielbomber laden über Darmstadt 230 Luftminen und Sprengbomben sowie 286 000 Stabbrandbomben ab. Luftalarm gibt es um 23.25 Uhr. Die Leuchtmarkierung wird ab 23.48 Uhr gesetzt, ab 23.55 Uhr ausgeklinkt. Um 0.20 Uhr ist der Angriff beendet, der vom Auslösepunkt Exerzierplatz (heute Berliner Allee) fächerförmig die westliche Innenstadt, das Zentrum, die Altstadt, Teile des Martinsviertels und Bessungens sowie alle östlichen Wohngebiete ergreift. Die Bomberbesatzungen registrieren sogleich eine Reihe schwerer Explosionen; spätere Notizen gelten nur noch dem Feuerschein. Auf ihrem Rückflug erkennen die Piloten das brennende Darmstadt noch in 170 Meilen Entfernung. Aus den Einzelbränden wird bald ein Flächenbrand, der sich zwischen 1 Uhr und 4 Uhr zum Feuersturm entwickelt. Darin kommen mehr als zehntausend Menschen ums Leben. Die *Air Force* verliert auf dem Rückflug zwölf Maschinen, ist gleichwohl mit dem Einsatz zufrieden: *Quiet trip all round, with everything going according to plan.* Im deutschen Wehrmachtsbericht werden am nächsten Morgen für Darmstadt *sehr schwere Schäden* vermerkt; *der örtliche Luftschutzleiter ist verschüttet. Der Gefechtsstand der Flakdivision musste wegen starker Rauchentwicklung aufgegeben werden. Zurzeit keine Warnvermittlung und Warnmöglichkeit. Sämtliche Nachrichtenmittel einschließlich Funk ausgefallen.*

Am Tag beginnt die Flucht der Ausgebombten aufs Land. Viele von ihnen kehren täglich zur Arbeit in die Ruinenstadt zurück, in der noch immer 51 000 der bei Kriegsbeginn 115 000 Einwohner leben. Die NSDAP und ihre Stadtverwaltung organisieren Verpflegung und Verkehr, Trümmerräumung und die Bergung der Toten, wozu in den ersten Tagen rund 5000 Helfer verpflichtet werden. Kriegsgefangene und Zwangsarbeiter schaffen die Leichen zum Massengrab auf dem Waldfriedhof. Am 12. Dezember folgt ein weiterer Großangriff mit doppelt so vielen Flugzeugen (303 Tote), ein weiterer am 24. Dezember. Als letztes Luftkriegsopfer wird am 24. März 1945 der Zahnarzt Hermann Stange in Eberstadt registriert. Tags drauf rückt die *US Army* in Darmstadt ein; dieser Krieg ist zu Ende. Die Darmstädter begreifen das sehr schnell; schon im selben Jahr spielt ihr Theater ganz ungeniert Goethes *Iphigenie,* das Hohelied der Menschlichkeit, und danach Thornton Wilders *Wir sind noch einmal davongekommen.*

Das Ergebnis: Luftaufnahme vom 12. September 1944. Qualm verdeckt die zerstörte Stadt. Rechts ist der Woog zu erkennen, in der Mitte der Messplatz, auf den sich viele Menschen aus den brennenden Häusern retteten.

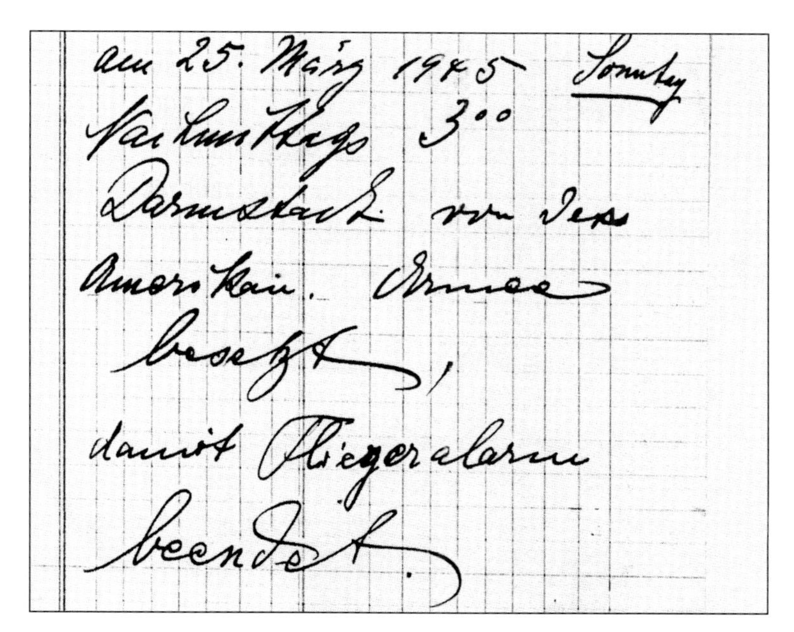

am 25. März 1945 Sonntag
Nachmittags 3⁰⁰
Darmstadt von den
Amerikan. Armee
besetzt,
damit Fliegeralarm
beendet.

Nr. 344. Montag, 26. März 1945

NACHRICHTEN FÜR DIE TRUPPE

Darmstadt gefallen

Briten 15 km über den Rhein

Reichsverteidigung im Westen vor dem Zusammenbruch

MELDUNGEN über die bisher schwersten Schläge gegen die Verteidigung des Reichs im Westen treffen jetzt Schlag auf Schlag von allen Abschnitten der Rheinfront ein.

Während im Norden britische Panzer- und Infanterieverbände auf breiter Front durch die Norddeutsche Tiefebene vorstossen, und schwere Panzerschlachten dicht vor dem Nordrand des Ruhrgebiets gemeldet werden, ist die Verteidigung im Süden der Westfront in weiten Gebieten zusammengebrochen. Darmstadt ist gefallen.

Nach den letzten Meldungen sind die Amerikaner weit über Darmstadt vorgestossen. Panzerspitzen haben an einer Stelle bereits den Main überschritten und haben Hanau und Aschaffenburg erreicht.

Gleichzeitig dringen amerikanische Angriffsspitzen durch den Frankfurter Stadtwald auf Frankfurt vor.

Südlich Koblenz haben die Amerikaner den Rhein an neuen Stellen zwischen Braubach und St. Goarshausen überschritten.

Auf dem linken Rheinufer haben die letzten deutschen Truppen im Raum von Germersheim den Kampf eingestellt

Russen nehmen Heiligenbeil

Die deutsche Kampfgruppe am Frischen Haff hat den Kampf eingestellt, Heiligenbeil ist verloren. Über 7 000 Soldaten gaben sich dort gefangen. Auch in Königsberg, Danzig und Gotenhafen geht der Widerstand der abgeschnittenen Besatzungen zu Ende.

In Ungarn nähern sich die Sowjets der Südostgrenze des Reiches: Raab, nur

Es ist vorbei: Tagebuchnotiz von Karl Krick, Flugblatt der US Army für Soldaten der Deutschen Wehrmacht.